Bittersweet

Die Deutsche Nationalbibliothek verzeichnet diese Publikation in der Deutschen Nationalbibliografie; detaillierte Daten sind im Internet über https://portal.dnb.de/ abrufbar.

Inh. Dr. Nora Pester
Haus des Buches
Gerichtsweg 28
04103 Leipzig
info@hentrichhentrich.de
http://www.hentrichhentrich.de

Lektorat: Lea Wyrwal
Umschlag: Gudrun Hommers
Gestaltung: Michaela Weber
Druck: Winterwork, Borsdorf

1. Auflage 2023

Printed in Germany
ISBN 978-3-95565-590-7

Carsten Schmidt

Bittersweet

Jüdisches Leben im Roten Wedding 1871–1933

HENTRICH & HENTRICH

Inhalt

Einleitung

Willy ist Jude und will Jom Kippur, den höchsten jüdischen Feiertag, nicht nach den strengen Regeln verbringen. Deshalb meidet er den Kontakt zum Vater, der ihn segnen möchte, lässt gegenüber der Mutter offen, ob er später den Vater in der Synagoge besucht, verlässt die Wohnung der Eltern, geht zu seinem Freund Fritz und die beiden planen einen Tagesausflug nach Tegel. Gesagt, getan. Es ist Ende September und die ersten gelben Blätter flattern durch die Straßen. Sie laufen die Chausseestraße in Richtung Wedding. Hier reihen sich die Militärkasernen endlos aneinander. An diesem Tag ist es in dieser Gegend ruhiger als sonst, fällt Fritz auf. Auf ihrem Weg in Richtung Tegel kommen sie nach einer halben Stunde Fußmarsch am dreieckigen Weddingplatz an, wo die Dankeskirche im romanischen Stil sich seit 1884 imposant über die umliegenden Gebäude erhebt und eine würdevolle Ausstrahlung besitzt. Von hier wollen Willy und Fritz die Pferdebahn nehmen. Jedoch fühlt sich Willy bei dem Gedanken unwohl. „In dieser Gegend wohnen zwar nur wenige Juden – aber ich mag doch nicht“, sagt Willy zu seinem Freund. Nach kurzer Zeit steigen beide doch ein. Willy sucht sich auf der unteren Ebene der Pferdebahn eine ruhige Ecke, zieht seinen Hut tief ins Gesicht und versucht möglichst nicht als Jude erkannt zu werden, denn an jüdischen Feiertagen gehen Juden weder in Geschäfte noch benutzen sie die Personenbeförderung. Später gehen beide nach oben und genießen die Aussicht. So schildert Theodor Zlocisti in der Kurzgeschichte *Jom Kippur im Walde* – erschienen in der Zeitung *Die Welt* (28.09.1900) – die Gedanken zweier Berliner Jungs und die Veränderung Berlins am Übergang von der Oranienburger Vorstadt zum Wedding.

Wedding ist gemeinsam mit Gesundbrunnen seit 1861 nach Berlin eingemeindet. Trotzdem trennen Stadttore und eine kaum ausgebaute Personenbeförderung viele Jahre den ländlichen und noch dünn besiedelten Norden vom Herzen der Metropole. Und der Anteil jüdischer Bewohner in den Straßen und Vierteln war ganz unterschiedlich. Um 1900 lebten in Berlin circa 100 000 Juden. Zehn Jahre später hatte sich ihre Zahl um weitere gut 40 000 auf 143 975 erhöht. Damals kam Berlin schon auf 3,73 Millionen Einwohner. Bis 1910 verzeichneten vor allem Charlottenburg, Schöneberg und Wilmersdorf den größten Zustrom an neuen jüdischen Bewohnern. In Charlottenburg lebten 1910 laut Statistik 22 508, in Schöneberg 11 641 und in Wilmersdorf 9698 Juden. Somit betrug ihr Anteil an der Gesamtbevölkerung 7,36 % (Charlottenburg), 6,74 % (Schöneberg) und 8,84 % (Wilmersdorf). Im Wedding und Gesundbrunnen lag ihr Anteil unter einem Prozent. Von insgesamt 240 662 Einwohnern waren es nur 1813 – davon 919 im Gesundbrunnen und 894 im Wedding. Der Hauptgrund dafür: Im Arbeiterbezirk Wedding gab es bis 1899 keine Synagoge und somit wäre es für Strenggläubige an Schabbat und zu den Feiertagen ein einstündiger Fußweg bis zu einer der großen Synagogen in der Oranienburger Straße oder zur alten Synagoge in der Heidereutergasse gewesen.

Im Jahr 1866 hatte die Einweihung der Neuen Synagoge (erbaut von 1859 bis 1866) in der Oranienburger Straße eine Signalwirkung für Juden weit über Berlin hinaus, denn es war die erste Synagoge, die direkt von der Straße aus betreten werden konnte und mit bis zu 3000 Plätzen das größte jüdische Gotteshaus im damaligen Preußen. Fünf Jahre später, 1871, war der Deutsch-Französische Krieg gewonnen und Berlin wurde mit Sitz des ersten deutschen Kaisers Wilhelm I. die Reichshauptstadt. Und die Synagoge in der Oranienburger Straße entwickelte sich zu einem leuchtenden Symbol für den technischen Fortschritt, denn am Abend des 14. November 1877 erstrahlte sie als erstes öffentliches Gebäude mittels elektrischen Lichts durch die Technik von Siemens & Halske. „Zuerst brannten sämtliche Gasflammen neben der elektrischen Beleuchtung. [...] Dann wurden die Gasflammen verlöscht, um das elektrische Licht wirken zu lassen. Die Helligkeit, die dasselbe verbreitete, ließ nichts zu wünschen übrig", so ein Bericht in der *Berliner Börsen-Zeitung* (16.11.1877). Am Ende des Versuchs kam das elektrische Licht zur Beleuchtung der Fassade zum Einsatz. Der Effekt soll „geradezu feenhaft" gewesen sein.

Menschen aller Konfessionen, Arme und Reiche, Familien und Abenteurer, drangen fortan in der Hoffnung auf ein freies und eigenständiges Leben nach Berlin. Auch jüdische Kaufleute zog die Metropole an der Spree an, die nun jährlich um die 30 000 bis 50 000 neue Einwohner aufnehmen musste. Es begann die Gründerzeit und es herrschte Goldgräberstimmung in Berlin, denn Investoren und Unternehmer nutzten die Gunst der Stunde und spekulierten mit Boden, setzten auf Mietrenditen und der Aktienhandel erlebte seine erste Blüte. Eine außergewöhnliche Zeit nahm ihren rauschartigen Lauf, die ihren Höhepunkt und ihre deutliche Spaltung in den 1920er Jahren fand. Während Künstler, Literaten und Intellektuelle im Romanischen Café gegenüber der Gedächtniskirche ein kosmopolitisches, freies Leben zelebrierten – die „Goldenen 20er" Jahre eben –, sorgten extreme Inflation und soziale Not dafür, dass sich im Roten Wedding die Frustration über Arbeits- und Lebensbedingungen in Gewalt entlud. Zu dieser Zeit musste die Jüdische Gemeinde ihre Hilfsangebote in allen Stadtteilen massiv erweitern. Damals hieß es: „Berlin hat fast die Hälfte aller in Deutschland lebenden Juden an sich gezogen", so das *Jüdische Jahrbuch für Gross-Berlin* 1926. Dies lag an dem enormen Wachstumsschub der Reichshauptstadt und neuen Weltstadt, die gerade jüdischen Kaufleuten und den freien Berufen ein breites Tätigkeitsfeld bot. Sowohl in den 1880er und 1890er Jahren als auch nach dem Ersten Weltkrieg kamen viele arme Juden aus den östlichen Gebieten nach Berlin, die vor allem im Wedding entweder günstigen Wohnraum oder eine erste Notunterkunft finden sollten. Sukzessive wuchs die jüdische Bevölkerung im Wedding: Er wurde zu einem Stadtteil für jüdische Menschen mit einerseits traditioneller Erziehung und andererseits Unternehmergeist. Diese Dynamik entschleunigte sich spätestens mit dem Börsenkrach 1929 sowie der „Machtergreifung" der Nationalsozialisten 1933 und verkehrte sich ins Gegenteil bis hin zum grausamsten Vernichtungsakt des 20. Jahrhunderts.

Der Wedding bot zu Beginn der Gründerzeit aufgrund seiner Zugehörigkeit zu Berlin und der Nähe zur Oranienburger und Rosenthaler Vorstadt ein enormes Potenzial für Spekulation und Investitionen. Vom Zentrum der Reichshauptstadt aus, also der Prachtstraße Unter den Linden, wurde die Friedrichstraße zur Chausseestraße und dann kam als Erstes der Weddingplatz mit der Dankeskirche, eingeweiht 1884, mit immerhin ungefähr 1100 Sitzplätzen. Ihr Turm erreichte eine Höhe von 67 m. Für ein außergewöhnliches Licht in der Kirche sorgte die Glaskuppel im Zentrum des Mittelschiffs. Um den dreieckigen Platz entstanden repräsentative Wohn- und Geschäftshäuser und für die Bewohner die XIV. Berliner Markthalle, also der Supermarkt des 19. Jahrhunderts. Westlich vom Weddingplatz sorgte der Nordhafen für eine großflächige Bebauung mit Industriegebäuden: Kohlebahnhof mit sieben Entladegleisen, Städtische Gasanstalt und die Chemische Fabrik Schering. Vom Weddingplatz aus führte die Müllerstraße, als Verlängerung der Friedrich- und Chausseestraße, als Wohn- und Geschäftsstraße in den nordwestlichen Teil des Weddings, wo noch in den 1870er Jahren kurz hinter dem Leopoldplatz die Stadt endete, und nur noch weite Landschaft kam. Vom Weddingplatz aus Richtung Norden verlief die Reinickendorfer Straße und am Nettelbeckplatz zweigte die Pankstraße ab, die in den Gesundbrunnen führte. Zwischen Nettelbeckplatz und Müllerstraße begann 1872 vom Bahnhof Wedding die Personenbeförderung mit der Ringbahn. Im Gesundbrunnen, dem anderen Teil des Weddings, waren die Panke sowie die einstige Quelle an der Badstraße die zentralen Koordinaten, um die herum neue Gebäude und Fabriken die Gegend veränderten. Am anderen Ende der Badstraße lagen der Bahnhof Gesundbrunnen und die am 8. Februar 1892 eröffnete XII. Berliner Markthalle. Für den Aufschwung der Badstraße sorgte auch das von 1901 bis 1906 errichtete Amtsgericht samt neu angelegtem Brunnenplatz. Außerhalb dieser zentralen Verkehrsachsen und Geschäftsstandorte fanden Spekulanten zu Beginn der Gründerzeit noch unbebaute Grundstücke. Und erst sukzessive wurde die Neuordnung der Straßen nach dem von James Hobrecht ausgearbeiteten und 1862 beschlossenen Bebauungsplan umgesetzt. Der architektonische und städtebauliche Aufschwung des Weddings hing von den Entwicklungen im Zentrum der Reichshauptstadt ab: Somit wuchs der Wedding sowohl in zeitlichen Wellen als auch entlang der zentralen Achsen: Badstraße, Müllerstraße, Pankstraße, Reinickendorfer Straße und Seestraße.

Die Wohnverhältnisse im Arbeiterbezirk waren überwiegend einfach, der Weg ins Zentrum für arme Bewohner beschwerlich und der Ton eher rau. In den 1880er und -90er Jahren setzte ein erster Spekulations- und Bauboom ein. Es entstanden die typischen kleinen Hinterhofwohnungen mit ihren sehr schlechten hygienischen Bedingungen für die Bewohner: Toilette auf halber Treppe oder auf dem Hof und in der Wohnung oftmals nur ein Waschbecken. Einige Bewohner des Weddings nutzten die Flussbadeanstalt am Nordhafen zur Körperreinigung, bis 1908 an der Gerichtstraße die große Volksbadeanstalt eröffnete. Neben zwei Schwimmhallen – Männer und Frauen getrennt – gab es auf drei Etagen 71 Wannenbäder und 39 Duschbäder. Es war Berlins sechste und größte städtische Volksbadeanstalt.

Der Wedding entwickelte sich in Etappen zu dem, was als Roter Wedding bezeichnet wird. Die Zeitung *Vorwärts*, seit 1876 das

Zentralorgan der Sozialdemokratie Deutschlands, unterstützte die Interessen der Bewohner des Arbeiterbezirks. Bereits um 1900 gab es Aufstände von Arbeitern gegen die Wohn-, Lebens- und Arbeitsbedingungen. Es kam zu mehrtägigen Ausschreitungen auf dem Nettelbeckplatz. In die Geschichte sind ebenfalls die Fleisch-Krawalle der Weddinger Frauen vom Oktober 1912 eingegangen. Weddinger und angereiste Krawallmacher wehrten sich gegen exorbitante Preisanstiege bei Lebensmitteln mit Geschäftsplünderungen. Die Ausschreitungen waren teilweise so massiv, dass die Polizei vom Militär Unterstützung brauchte, um in den Straßen und auf den Plätzen Sicherheit und Ruhe herzustellen. Zu einer weiteren Welle an Straßenkämpfen und Fabrikstreiks kam es während der Novemberrevolution 1918/19. Trotz Ablösung der Monarchie und Konstituierung der ersten parlamentarischen Demokratie sollten sich die Lebens- und Arbeitsbedingungen der Arbeiter nicht verbessern, denn Hyperinflation, Massenarbeitslosigkeit, fehlender Wohnraum und Flüchtlinge sorgten in den 1920er Jahren weiterhin für eine aufgeheizte Stimmung im Wedding. In diesem Klima erhielt die am 30. Dezember 1918 gegründete KPD einen starken Zulauf. Ihre Zeitung *Rote Fahne* verkündete die neuesten Meldungen und Aktionen. Die Weddinger Arbeiter standen hinter den Forderungen der KPD. Höhepunkt dieser Entwicklung markierte der Berliner „Blutmai“ 1929, bei dem während dreitägiger massiver Ausschreitungen durch hunderte Hausdurchsuchungen, Festnahmen und unter Einsatz von Schusswaffen seitens der Polizei die Ordnung wieder hergestellt werden sollte. Anschließend wurde die *Rote Fahne* für mehrere Wochen verboten. Der Wedding war jedoch nicht nur „rot“, sondern hatte auch „dunkle“ Flecken: Im Sommer 1919 kam es zur geplanten „Judenhetze“ und zu Plünderungen jüdischer Geschäfte, beispielsweise beim Kaufhaus R. & S. Moses am Weddingplatz. Und am Ende der 1920er und zu Beginn der 1930er Jahre machte insbesondere die NSDAP es sich zur Aufgabe, den Arbeiterbezirk zu kontrollieren und die nationalsozialistische Ideologie zu verbreiten. Sie nutzte Veranstaltungen als gezielte Propaganda. Nach der Machtübernahme durch die Nationalsozialisten begann im Februar 1933 eine zielgerichtete Zerschlagung der KPD durch das NS-Regime.

Seit der Reichsgründung 1871 zog der Wedding das jüdische Proletariat an – also Ungelernte, Fabrikarbeiter, Hilfsarbeiter, aber auch Kriminelle. Männer, Frauen, Kinder, vorwiegend aus den östlichen Gebieten, fanden in den schnell hochgezogenen Mietskasernen auf engsten Verhältnissen ein Dach über dem Kopf. Um sie zu versorgen, gründeten 1891 engagierte Frauen den privatfinanzierten Israelitischen Frauen-Verein der Oranienburger Vorstadt. Ziel war die Unterstützung von Armen, Kranken und Wöchnerinnen – Frauen in den ersten Wochen nach der Geburt – durch Bargeld, ärztliche Versorgung, Kleidung sowie Seelsorge. Der kleine Verein mit einer geringen Mitgliederzahl stand einer wesentlich größeren Gruppe an Bedürftigen gegenüber, weshalb ein Artikel im *Gemeindeboten* zum Beitritt aufrief. Daneben baten hilfsbedürftige Juden Nicht-Juden in persönlichen Briefen um Unterstützung. Eine Mutter von sechs hungernden Kindern, wohnhaft in der Prinzenallee, wandte sich an Dr. Max Bauer, Vorstandsmitglied des Vaterländischen Frauenvereins, und dank seiner Menschlichkeit erhielt die Familie in der Israelitischen Volksküche Essen für vier Wochen, so die *Allgemeine Israelitische Wochenschrift* (15.03.1895).

In der zweiten Hälfte des 19. Jahrhunderts entdeckten auch jüdische Industrielle den Wedding. Sie bauten neue Fabriken und beschäftigten häufig mehrere hundert Arbeiter. In kleinen und großen Betrieben, oftmals auf dem Hinterhof gelegen, wurden Filzhüte produziert sowie innovative Maschinen und Techniken erforscht. Die jüdischen Fabrikbesitzer wohnten sowohl im Wedding als auch in anderen Stadtteilen, sodass sie Einfluss auf die Entstehung des jüdischen Weddings hatten. Jedoch wesentlich einflussreicher wirkten die vielen kleinen Kaufleute am Weddingplatz, entlang der Müllerstraße und der Badstraße. Häufig wohnten sie nur wenige Stufen über dem eigenen Laden oder einige Häuser weiter, und sahen sich natürlich damit konfrontiert, dass es hier anfangs keine Synagoge und keinen Religionsverein gab. Dieses Problem beschäftigte um 1900 auch die Jüdische Gemeinde bei ihren Planungen für ein drittes Altersheim und ein neues Krankenhaus. Für Neubauten im Wedding sprach der günstige Grundstückspreis. Und dann kam es so, dass das Seniorenheim an der Exerzierstraße (heute Iranische Straße) die erste jüdische Einrichtung im Wedding wurde. Es gehörte bei seiner Einweihung im Jahr 1902 mit seiner imposanten, gotischen Backsteinfassade zu den größten privatfinanzierten Neubauten der Jüdischen Gemeinde. Und nach über zehn Jahren Planung eröffnete, einen Monat vor dem Ausbruch des Ersten Weltkrieges, das Jüdische Krankenhaus samt neuem Schwesternwohnheim im Wedding. Innerhalb von 15 Jahren – von 1899 bis 1914 – gab es eine Synagoge für die Alten, eine Synagoge für die Kranken und eine Synagoge für die Mitglieder des 1899 gegründeten privaten Religionsvereins Ahawas Achim. Alle Gotteshäuser lagen nur wenige Gehminuten voneinander entfernt und nahe der Badstraße. Somit wurde der späte und schwierige Anfang schnell überwunden. Jüdisches Leben blühte hauptsächlich auf der Badstraße und in den Nebenstraßen auf. Im Jahr 1925 ermittelte die Volkszählung, dass nun 3695 Juden im Wedding lebten, gut doppelt so viele wie noch 1910. Was brauchten eine jüdische Gemeinde und die Fürsorgeeinrichtungen noch? Natürlich engagierte Rabbiner. Für den Verein Ahawas Achim waren vier Rabbiner tätig. Zu ihren festen Aufgaben außerhalb der Synagoge gehörte der Unterricht an der Religionsschule. Nachhaltig prägte Rabbiner Dr. Siegfried Alexander (geb. 12.10.1886, deportiert am 12.03.1943, 36. Osttransport nach Auschwitz, ermordet) ab

1924 bis offiziell November 1938 die jüdische Glaubensgemeinde im Arbeiterbezirk. Sein Vater, Wilhelm Alexander, lebte bis zu seinem Tod am 18. Juni 1942 im Jüdischen Altersheim, in dem er Seelsorger war. Rabbiner Alexander wirkte viele Jahre nicht nur in der Synagoge in der Prinzenallee 87, sondern auch im Jüdischen Krankenhaus als erster Ansprechpartner für die Fürsorgeangebote der Jüdischen Wohlfahrtshilfe, Religionsschullehrer und Seelsorger. Sowohl seine drei Kinder als auch die eigenen Eltern banden den Rabbiner immer wieder in das jüdische Leben unterschiedlicher Generationen ein. Den Jungen und Alten war er der geistliche Zuhörer, Berater und Freund, den sie sich wünschten. Am Ende dieses Buchs erinnert sich der Sohn des Rabbiners, Eduard Alexander, genannt Yisrael, an seine Kindheit im Wedding.

Um die Entstehung jüdischen Lebens im Wedding geht es im vorliegenden Buch. Während in anderen Stadtteilen neue Synagogen selbstbewusst das Straßenbild ergänzten, zahlreiche private Hilfsvereine das Zusammenleben förderten, es Vorträge und Veranstaltungen gab, konnte sich jüdisches Leben im Wedding erst um 1900 langsam entwickeln. Die großen Namen der bekannten jüdischen Familien kommen nicht vor. Dafür gibt es im Arbeiterbezirk ein neues Mäzenatentum und Engagement von Frauen im sozialen Bereich und das größte, modernste jüdische Krankenhaus Preußens. Im Wedding begegnen wir dem kleinen jüdischen Kaufmann, der liebenden Mutter, den armen Senioren, den engagierten Ärzten und auch Fabrikbesitzern. Immer lassen sich unerwartete Verflechtungen entdecken, die uns am Ende eine besondere Historie näherbringen, nämlich die vom jüdischen Leben in einem der ärmsten Stadtteile Berlins. Die späte Entstehung des Jüdischen im Wedding unterscheidet diesen Bezirk von den übrigen Berliner Vierteln. Wer eine andere Möglichkeit hatte, hätte sie genutzt und mit Sicherheit einen anderen Stadtteil als Heimat ausgewählt. Jedoch gab der unschöne

Umstand der Alternativlosigkeit den hier lebenden Juden auch eine Gemeinsamkeit und motivierte immer wieder zu neuen Impulsen. Oder wie Rabbiner Siegfried Alexander berichtete, so war das Gemeindeleben hier ein besonders herzliches mit einem regen Gedankenaustausch von Mensch zu Mensch (*Der Schild*, 10.12.1937).

Im Wedding und Gesundbrunnen fand das alltägliche und einfache Leben statt, das kaum Spuren in Form von handschriftlichen Notizen, Briefen und Erinnerungen hinterließ. Deshalb ist für diese Geschichte die jüdische Tagespresse eine der wichtigsten Quellen. Es wird folgenden Fragen nachgegangen: Wann, wo und wie entstand jüdisches Leben? Wo war bereits im Straßenbild jüdisches Leben sichtbar und an welchen Adressen fand jüdisches Leben im Privaten statt? Woher kamen die neuen jüdischen Bewohner? Wer kümmerte sich um die Ärmsten unter ihnen und welche Hilfsangebote gab es? Welche Rückschläge mussten die Menschen verkraften? Wir begeben uns auf Spurensuche nach den Anfängen, den kleinen und großen Geschichten, Wundern und bitteren Enttäuschungen in den Wedding der Gründerzeit und Weimarer Republik, der so unfassbar arm, brutal und zugleich auch hoffnungsvoll war.

I.
Kaufleute und Fabrikbesitzer

Aus der engen Oranienburger Vorstadt und von der belebten Chausseestraße kommend ist der dreieckige Weddingplatz der erste große, offene Stadtraum. In den 1870er Jahren fanden hier noch Wochenmärkte statt und zwei- bis dreigeschossige Häuser begrenzten ihn. Wenige Meter weiter nördlich begann am 1. Mai 1872 die Personenbeförderung vom Bahnhof Wedding. Der Weddingplatz erlebte in der zweiten Hälfte der 1870er Jahre seine erste Blütezeit. Und wäre es nach den Plänen des Unternehmens Siemens & Halske aus dem Jahr 1880 gegangen, dann hätte es eine spektakuläre Innovation bis in den Norden geschafft: eine auf Säulen getragene, elektrische Hochbahn – nach New Yorker Vorbild auf Höhe des ersten Obergeschosses – zwischen Weddingplatz und Belle-Alliance-Platz (heute Mehringplatz). „Die Gegend hat was Amerikanisches in ihrem schnellen Wachsthum an sich“, so eine Beobachtung im *Berliner Tageblatt* (15.01.1881). Sukzessive entdeckten jüdische Kaufleute die Gegend. Wir gehen auf Spurensuche vom Weddingplatz zum Leopoldplatz bis hin zur Badstraße.

Der Wedding war um 1880 in vielen Dingen noch vollkommen rückständig und kleinstädtisch, doch ein Ereignis läutete die Zeitenwende für den Arbeiterbezirk ein: die Einweihung der Dankeskirche auf dem Weddingplatz. Die Kirche sollte für immer an das missglückte Kaiserattentat vom 2. Juni 1878 erinnern. Für den Weddingplatz als passenden Ort sprach, dass „die ganze Gegend so überaus arm an monumentalen Gebäuden ist, daß jede Aufbesserung nach dieser ästhetischen Seite hin im Interesse des Stadttheils und seiner Bevölkerung nur freudig begrüßt werden kann“, so eine Nachricht im *Berliner Tageblatt* (29.05.1879). Die Sichtbarkeit der Kirche stand im Mittelpunkt sämtlicher Planungen. Deshalb sollte das neue Gotteshaus zwei Meter über dem Straßenniveau von Müllerstraße und Reinickendorfer Straße, überbrückt durch Gartenanlagen, stehen. Und die Position des Kirchturms musste so ausgerichtet sein, dass dieser bereits von der zwei Kilometer südlich gelegenen Kreuzung Ecke Chausseestraße und Elsasser Straße (heute Torstraße) sichtbar war. Am 3. Januar 1884 erlebten die Weddinger und schaulustige Gäste die beeindruckende Einweihungsfeier, denn Flaggen und Laubgirlanden schmückten die rausgeputzten Häuser am Weddingplatz, während hochrangige Gäste auf dem nagelneuen Kirchengestühl Platz nahmen. „Ein dumpfes Brausen dringt um 11 Uhr von dem Platz her in die Kirche hinein; sie kündet das nahe Erscheinen des Hofes an. Bald darauf wird auf dem direkt dem Altar gegenüberliegenden Chor die hohe Gestalt des Kaisers sichtbar. Der Herrscher tritt vor die Brüstung und verrichtet ein stilles Gebet“, so berichtet das *Berliner Tageblatt* vom Auftakt. Von der Königsloge aus verfolgte das Kaiserpaar die Einweihungszeremonie mitsamt Chorgesang und Weihe. Danach, gegen halb eins, verließ der Kaiser den Berliner Norden unter

Abb. 1: Weddingplatz mit Dankeskirche, um 1900.

Hurrarufen schon wieder, während noch Hunderte die Chaussee- und Friedrichstraße säumten.

In den nächsten Jahren trug die Kirche gemeinsam mit den Pferdebahnen, die sich seit November 1874 – die erste Strecke verlief zwischen Oranienburger Tor und Weddingplatz – um den Platz legten, zum Aufschwung bei. Ein Jahr später fuhr die erste Linie weiter in Richtung Tegel. Und 1888 sorgte ein hochmoderner, beheizbarer Omnibus für Verbindungen vom Spittelmarkt über den Weddingplatz zum Nettelbeckplatz. Diese neue Mobilität steigerte die Attraktivität des Nordens. Sukzessive entstanden imposante Wohn- und Geschäftshäuser mit Kuppeln, Erkern, hohen Giebeln und Ladengeschäften mitsamt immer größerer Schaufenster für die neue Kauflust. Direkt dahinter existierte eine ganz andere Welt: schmale Hinterhöfe, kleine Werkstätten und Wohnungen fast ohne Komfort. Für die Versorgung der Bewohner mit den Dingen des täglichen Bedarfs plante Berlin bereits 1874 den Bau einer überdeckten Markthalle. Viele Jahre später entstand die XIV. Markthalle mit zwei Eingängen: dem Haupteingang an der Dalldorferstraße (heute Schönwalder Straße) und einem zweiten Eingang am Weddingplatz. Sie eröffnete am 1. September 1892 um 4 Uhr morgens für den Großhandel und ab 10 Uhr für Kunden. Ihre Konstruktion aus Backstein, Gusseisen und Glas beruhte auf bereits zuvor entstandenen Markthallen und einem rationalen Schema: genau festgelegte Größen der Stände, zulässige Abstände in den Gängen und Feuersicherheit. In der weitläufigen Markthalle boten die Händler ihre Waren vor Wind und Wetter geschützt an. Mehl, Gewürze, Fleisch, Geflügel, Fisch und Gemüse konnten wochentags eingekauft werden.

Ab 1880 entwickelten sich die vom Weddingplatz in Richtung Nordhafen abgehenden Straßen, die Fenn- und die Sellerstraße, zu Wohn- und Geschäftsadressen. Die jüdische Firma Koch & Zucker, gegründet am 1. September 1878 von Isidor Koch und Joseph Zucker, hatte ihr Geschäft zuerst in der Liesenstraße 4 – in der Oranienburger Vorstadt – und später in der Fennstraße 52–54, so das *Berliner Adressbuch* von 1881. Koch & Zucker war auf Holz spezialisiert, damals als Nutzholzhandlung und Holzhandlung für Wagenbauer, sogenannte Stellmacher, bezeichnet. Sie gehörten 1880 zu den kleinen, jüdischen Unternehmenspionieren in der Fennstraße. Im Jahr 1883 trennten sich die geschäftlichen Wege von Isidor Koch und Joseph Zucker, wenngleich beide im Holzhandel bleiben sollten.

Neben seiner Tätigkeit im Holzhandel gehörte Isidor Koch zu den Mitgliedern des 1884 gegründeten jüdischen Vereins Freunde der Taubstummen (Hebräisch: Jedide Ilmim). Der Verein machte es sich zur Aufgabe, armen, hörgeschädigten Kindern den Schulunterricht und die Erziehung unentgeltlich zu gewähren. Männer und Frauen konnten ab drei Mark jährlich Mitglied werden. Bereits im ersten Jahr hatte der Verein 600 Mitglieder. Und trotz der zahlreichen Mitstreiter mussten von 22 angemeldeten armen Kindern 19 Antragsteller abgewiesen werden, weil die Mittel nicht ausreichten, so *Der Israelit* (18.05.1885). Der kleine Verein sollte jedoch schnell weitere Förderer finden und Berlins erste jüdische Gehörlosen-Anstalt errichten, die Rabbiner Dr. Maybaum am 31. Mai 1891 in Berlin-Weißensee einweihte. Drei Jahre später blickte der Verein auf ganz beachtliche Erfolge: 2400 Mitglieder, 19 Jungen und 12 Mädchen in der neuen Gehörlosen-Anstalt (*Der Israelit*, 01.05.1894). Neben dem handwerklichen Unterricht lernten die Gehörlosen auch Hebräisch. Diesen Meilenstein erlebte Isidor Koch nicht mehr, denn er starb am 8. Oktober 1888. Im Jahre 1889 berichtete die *Berliner-Börsen-Zeitung*, dass sein Holz-Unternehmen per Erbgang an seine Frau Caroline Lina Koch, geb. Salz, ging. Sie ließ die Firma 1892 auflösen und widmete sich der Armenfürsorge. Lina Koch gehörte zu den Gründungsmitgliedern des Israelitischen Frauen-Vereins Oranienburger Vorstadt, für den sie auch den Vorsitz übernahm. Der Verein organisierte unterhaltsame Veranstaltungen, um über die Eintrittskarten und Spenden die jüdischen Hilfsbedürftigen im Wedding, Gesundbrunnen und in Moabit mit Fürsorgeangeboten zu unterstützen.

Nur 500 m südlich vom Weddingplatz, in der Oranienburger Vorstadt, bezog der Israelitische Religionsverein Oranienburger Vorstadt (Hebräisch: Ohel Jizchak), gegründet 1879, am 27. August 1899 eine neue Synagoge in der Liesenstraße 3. Zu den Gründungsmitgliedern und Vorstandsmitgliedern der ersten Stunde gehörte wiederum der Holzhändler Isidor Koch. Als Herr Koch starb, schrieb der Verein in seiner Traueranzeige: „Wie der Heimgegangene vor nunmehr 10 Jahren der eigentliche geistige Vater und einer der thatkräftigsten Mitbegründer unseres Vereins gewesen ist, so hat er demselben während der ganzen Zeit seines bisherigen Bestehens mit großer Begeisterung und unter Aufbietung seiner Kräfte, selbst noch in seiner schweren Lebenszeit zu dienen nicht aufgehört" (*Berliner Tageblatt*, 10.10.1888). Isidor Koch hat die jüdischen Menschen der Oranienburger Vorstadt und des Weddingplatzes zusammengebracht, die Vereinsgeschäfte unterstützt und seine Liebe zur Religion vorgelebt: „Das Andenken dieses Mannes, dessen Tod wir aufs Tiefste bedauern, wird bei uns unauslöschlich sein." Auch könnte sein ehemaliger Geschäftspartner Joseph Zucker dem Verein gedient haben, zumindest gibt es Hinweise über den Namen darauf. Im Jahr 1903 hatte Ohel Jizchak um die 153 Mitglieder und 130 Schüler. Ein Joseph Zucker taucht in der jüdischen Tagespresse als Vorsitzender des Vereins Ohel Jizchak im *Israelitischen Familienblatt* auf (31.03.1904). Im Nachruf des Vereins auf Zucker steht: „Mit Joseph Zucker ist ein Mann mit ganz besonderen jüdischen Qualitäten dahingegangen. Was er in mehr als 50jähriger Tätigkeit für seine Gemeinde und für das konservative Judentum geleistet hat, wird unvergessen bleiben" (*Jüdische Rundschau*, 27.01.1931).

Mehr als vier Jahrzehnte gehörte das Geschäft R. & S. Moses zum Weddingplatz. Erstmals im *Berliner Adressbuch* von 1897 an der Adresse Ecke Reinickendorfer und Dalldorfer Straße erwähnt – Inhaber waren die Brüder Rudolf und Siegfried Moses –, entstand innerhalb von zehn Jahren ein florierendes Geschäft über mehrere Etagen – ein Kaufhaus. Zuvor hatte Rudolf Moses bereits ein Geschäft am Senefelder Platz in der Metzer Straße 41. Am Weddingplatz sollte ihr zweites Warenhaus entstehen. Das vielfältige Manufaktur- und Sortimentsgeschäft umfasste Frauen- und Mädchenbekleidung

ABB. 2: R. & S. MOSES, ECKGESCHÄFT RECHTS, UM 1910.

ebenso wie Geschirr, Tischdecken und sonstigen Hausrat. Die Schaufenster befanden sich sehr gut sichtbar am Weddingplatz. Hier ratterte die Straßenbahn in Richtung Nettelbeckplatz vorbei. Ein Bürgersteig lud zum Flanieren ein. Was sich vor dem Ersten Weltkrieg zu einem lebhaften Geschäftsviertel entwickelte, war nach dem Krieg

Austragungsort von antisemitischen Ausschreitungen. Die Tageszeitungen berichteten von entsetzlichen Vorfällen. Das Kaufhaus R. & S. Moses wurde im Juni 1919 an einem Tag gleich zweimal attackiert, so die Abend-Ausgabe des *Berliner Tageblatt* (24.06.1919). Es gab zunächst am Mittag einen Angriff von wütenden Bürgern, der noch abgewehrt werden konnte. Doch bei den Ausschreitungen in den Abendstunden sollte vom Kaufhaus R. & S. Moses nicht mehr viel übrigbleiben. Eine organisierte Gruppe von Frauen und Männern traf sich bei einbrechender Dunkelheit gegen 22 Uhr in der Reinickendorfer Straße und positionierte sich mit fester Absicht der Plünderung vor dem Kaufhaus. „Hier hielt ein Mann antisemitisch aufgeheizte Reden und forderte zur Plünderung des Geschäftshauses auf. Auf dieses Signal hin bewaffneten sich junge Burschen und Frauen mit Steinen und Eisenstangen", so die Situation laut *Berliner Tageblatt*. Daraufhin kamen die Eisenstangen zum Einsatz und die Gitter wurden aus ihren Führungen gewuchtet, um dann die zwölf Schaufenster zu zerstören und sich gewaltsam Zugang zum Kaufhaus zu verschaffen. Männer und Frauen schleppten Bekleidung, Wäsche, Teppiche und alle möglichen Waren heraus. Die Polizei brauchte militärische Unterstützung, um die Menschenmasse in den Griff zu bekommen. Es kam zu einem tödlichen Schusswechsel und 40 Frauen und Männer wurden festgenommen. Trotz dieses massiven Angriffs machten Rudolf und Siegfried Moses weiter, ließen alles wieder instand setzen und das Kaufhaus blieb das größte am Platz.

Siegfried Moses starb mit nur 56 Jahren und nach langwieriger Krankheit am 22. Juni 1921. Er ließ seine Frau Doris und den gemeinsamen Sohn Erich zurück. In der Traueranzeige, die die Angestellten veröffentlichten, steht: „Seine rastlose Tatkraft und sein unermüdlicher Arbeitseifer waren uns stets ein leuchtendes Vorbild. Wir verlieren in ihm einen guten, um das Wohl seines Personals stets besorgten Chef" (*Berliner Tageblatt*, 24.06.1921). Im Berliner Handelsregister von 1923 ist als neue Mitinhaberin Doris Moses eingetragen. Weitere Familienangehörige traten in das Unternehmen ein. Ende der 1920er Jahre schlug R. & S. Moses ein neues Kapitel auf, denn das Wohn- und Geschäftshaus im Besitz der Moses' bekam eine moderne Fassade mit dynamischen Linien, eine Gebäudeecke mit glasierten Kacheln und eine beeindruckende Lichtinszenierung bei Nacht. Jedoch sollte das Glück nicht von Dauer sein, denn die Moses' mussten in den 1930er Jahren unter Druck der neuen Gesetze ihre gesamte Existenz aufgeben: Aus R. & S. Moses wurde Erich Gäbler & Co. Doris Moses, die Witwe des Firmengründers Siegfried Moses und Mitinhaberin der Firma, wurde am 14. November 1941 in das Ghetto Minsk deportiert und ermordet. Ihr Sohn konnte erst nach Großbritannien und dann in die USA fliehen. Rudolf Moses starb 1932. Sein Schwiegersohn Kurt Kübler gehörte auch zum Unternehmen. Er wurde vom Strafgefängnis Plötzensee ins KZ Mauthausen deportiert, Ankunft am 2. März 1943, und am 4. Mai 1943 ermordet, laut Akte bei einem Fluchtversuch.

Abb. 3: R. & S. Moses, Fassade bei Nacht.

Viele weitere jüdische Kaufleute versuchten ihr Glück am Weddingplatz: Neue Geschäfte wie die Gänseausschlachterei von Rudolf Kohn, die Wollwaren-Handlung der Familie Schwarz und die Reinigungs-Annahme Max Bloch kamen hinzu, während andere wieder schlossen und Läden leer standen. Zwischen den jüdischen Geschäften gab es ebenfalls Orte für jüdisches Leben wie das Restaurant Kristall-Saal in der Sellerstraße 35, in dem am 10. Januar 1933 der

Abb. 4: Kaufhaus Moses nach Zwangsaufgabe mit neuer Firmierung, ca. 1940.

Religionsverein Ohel Jizchak einen Gemeindeabend zum Thema „2000 Jahre jüdische Musik“ veranstaltete. Zu dieser Veranstaltung trug Alice Jacob-Loewenson mit einem Vortrag bei, der von einer Schallplattenvorführung begleitet wurde, so die Ankündigung in der *Jüdischen Rundschau* (10.01.1933). Der Eintritt war frei.

Mit einem großen Knall der Vernichtung endeten die 1920er Jahre für den Weddingplatz. In einer bitterkalten Februarnacht zum Sonntag erschütterte die Gegend eine außergewöhnliche Gasexplosion, so die *Deutsche Allgemeine Zeitung* in ihrer Montagsausgabe vom 18. Februar 1929. In der Sellerstraße ging um halb drei Uhr nachts ein vier Stock hoher Gasbehälter der Städtischen Gasanstalt in die Luft, eine Stichflamme schoss in den Himmel, Fenster im Umkreis von 200 m zersprangen und es bot sich ein Bild der Verwüstung. Herumfliegende Steine verletzten die wenigen Nachtschwärmer und es brach Panik bei den Bewohnern in der Nachbarschaft aus, denn das Dach eines zweiten Gasbehälters hatte Feuer gefangen. Zudem erschwerte die Löscharbeiten, dass es tagelang mit Temperaturen zwischen minus 26 Grad Celsius und minus fünf Grad Celsius sehr kalt und der Boden metertief gefroren war. Somit verwandelte das Löschwasser den Boden sofort in eine Eisfläche. Es war einer der ältesten Gasbehälter Berlins. Die genaue Ursache für die Explosion konnte nie festgestellt werden.

Vom Weddingplatz aus führte die Müllerstraße entlang des gärtnerisch gestalteten Courbièreplatzes (heute Max-Josef-Metzger-Platz) zum Leopoldplatz, den seit 1835 die von Karl Friedrich Schinkel entworfene Vorstadtkirche im Stil der oberitalienischen Romanik schmückte. Ein weiteres sakrales Bauwerk entstand von 1891 bis 1893: die Neue Nazarethkirche. In diesem Zusammenhang erhielten auch die Grünanlagen des Leopoldplatzes eine neue Gestaltung. Somit bekam – gut zehn Jahre nach dem Weddingplatz – dieser Teil des Weddings ein neues Gesicht und gewann an Attraktivität.

Rund um den Leopoldplatz waren die Bewohner sehr arm und die Kirche versuchte, mit Spendenaufrufen die große Not zu lindern. In den 1870er Jahren geschah jedoch nicht nur Gutes in Form von Seelsorge und Unterstützung für die bedürftigen Kinder, Familien und Senioren des Viertels, sondern auch Besorgniserregendes: Der

Priester der Nazarethkirche, Ludwig Diestelkamp (geb. 1833, gest. 1912), kam wegen seiner Judenfeindlichkeit in die Presse. Das *Berliner Tageblatt* berichtete am 24. Juli 1878 davon, dass der Gemeinderat und die Gemeindevertretung der Nazarethkirche über die Verunglimpfungen von Priester Diestelkamp beraten haben. Es wurde von einem „gehässigen" Ton Diestelkamps gegenüber Juden gesprochen, wovon man sich nur distanzieren könne. Auch sei es inakzeptabel, dass er die Glaubensunterschiede zum Schüren von Gegensätzen benutze, so der Gemeinderat. Diestelkamp sorgte mit seiner Einstellung für Unruhe und Aufsehen. Dennoch blieb er über viele Jahre Priester in der Nazarethkirche. Die Einstellung Diestelkamps hat Juden womöglich von einer Ansiedlung rund um den Leopoldplatz abgehalten. Später sollte sich die Situation ändern.

Ein Pionier dieser Gegend war der jüdische Ingenieur, Forscher und Unternehmer Max Levy (geb. 1869, gest. 1932), Sohn des Bankiers Moritz Levy (geb. 1832, gest. 1905). Er war fasziniert von den Möglichkeiten der Röntgenstrahlen – entdeckt 1895 vom Physiker Conrad Röntgen –, und hatte bei der AEG Aktiengesellschaft diesen neuen Produktbereich selbst aufgebaut, Vorträge über die Anwendungsgebiete in der modernen Medizin gehalten und am 1. Juli 1897 sein eigenes Unternehmen gegründet: Fabrik elektrischer Apparate Dr. Max Levy. Ziel war die Erforschung und Herstellung medizinischer Röntgengeräte. Mit dieser Vision startete Levy sein „Startup" mit einem Ingenieur, einem Meister und einigen Mechanikern in gemieteten Räumen in der Chausseestraße 2A. Jedoch stellten die rasanten technischen Weiterentwicklungen Levy vor die Frage, ob er sein Unternehmen mithilfe neuer elektromedizinischer Geräte oder durch eine Ausrichtung auf das reine Starkstromgebiet und die Produktion von elektrischen Geräten in Massenfertigung fortsetzen sollte. „Ich entschied mich für Letzteres", erklärte Levy in der 1922 erschienenen Firmenschrift rückblickend. Für diese Vision kaufte er 1903 das Grundstück Müllerstraße 30. Was fand Max Levy hier vor und welche Pläne verfolgte der damals Anfang 30-Jährige? Ein kleines Wohnhaus stand direkt an der Müllerstraße und etwas weiter hinten ein Nebenhaus. Hier wohnten sechs Familien. Außerdem gab es auf dem riesigen Grundstück im hinteren Bereich ein Gebäudeensemble, bestehend aus einer alten Fabrik, einem Anbau, einem Schuppen und einem kleinen, vermutlich eingeschossigen Wohnhaus. Im Januar 1904 reichte Levy sowohl die ersten Bauanträge für den Neubau eines Wohn- und Geschäftshauses als auch für eine Fabrik ein. Nach den Plänen des Baumeisters Kurt Berndt, Atelier für Bauausführungen – ansässig in der Elsasserstraße 35 –, sollte an der Stelle des Altbaus an der Müllerstraße ein neues Wohn- und Geschäftshaus entstehen, das einen Innenhof an vier Seiten umschließt. Es wurde mehr als doppelt so groß wie das einstige Wohnhaus. Nach der Fertigstellung wohnten in dem Haus Müllerstraße 30 fast 50 Familien, so das *Berliner Adressbuch* von 1905. Und auf dem großen zugehörigen Grundstück gleich neben dem Garnisonfriedhof (heute Friedhof Turiner Straße) wurden die vorhandenen Werkstattgebäude wiederum zu einer Maschinenfabrik samt Kontor umgebaut. Ebenfalls ließ Levy eine neue Fabrik nach den Plänen von Baumeister H. Enders – ansässig in der Holzmarktstraße 5 – errichten. Umgeben von Wohnhäusern entstand in Rekordzeit dieses große Ensemble. Im *Berliner Adressbuch* von 1905 wird als neue Firmenadresse der Fabrik

ABB. 5: MAX LEVY RECHTS IM BILD, FRÜHE 1920ER JAHRE.

ABB. 6: FABRIK MAX LEVY, MÜLLERSTRASSE 30.

elektrischer Apparate Dr. Max Levy angegeben: Müllerstraße 30, Elektrohof. Während sich am Wohn- und Geschäftshaus kaum etwas änderte, gab es auf dem Fabrikgelände in den nächsten Jahren zahlreiche An-, Um- und Aufbauten bis hin zur Planung eines Lagerkellers für Maschinenteile mit 760 m² Fläche unterhalb der Abstandsfläche zwischen Wohnhaus und Fabrik.

Mit dem Firmenumzug in den Wedding – an die Müllerstraße und unmittelbar neben den Leopoldplatz – stellte Levy die Produktpalette sukzessive um. Dafür schaute er nach Übersee und nahm Tendenzen aus den USA auf. Darüber hinaus verkehrte er durch seine Heirat mit Josephine Rathenau, einer Cousine von Walther Rathenau, und durch seine einstige Tätigkeit für die AEG in den Kreisen der Berliner Großindustriellen der Kaiserzeit. Neuer Schwerpunkt in seinem Sortiment waren die in Mode kommenden Tischventilatoren, damals als Tischfächer bezeichnet, und Deckenventilatoren. Über viele Jahrzehnte produzierte das Unternehmen neben zahlreichen Ventilatoren-Typen modische Zimmerspringbrunnen mit Licht, elektrische Luftbefeuchter, Elektromotoren sowie Dynamos. Somit veränderte sich der Fokus von anfänglich individuell

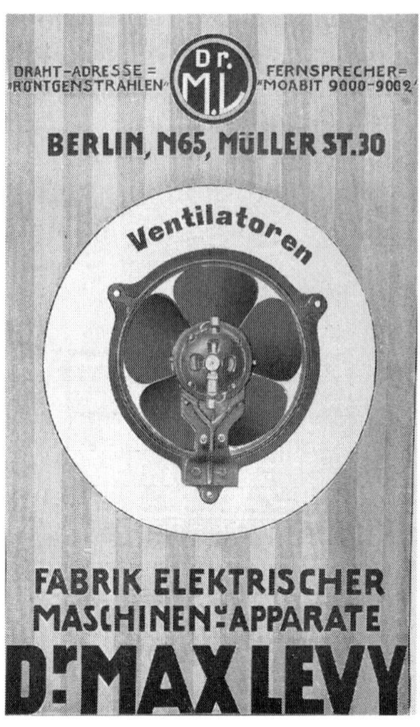

Abb. 7: Katalog Ventilatoren von 1912.

gefertigten Röntgengeräten hin zu Produkten der Massenfertigung.

Der Neustart gelang, denn von der Müllerstraße aus entstand ein kleines Imperium: Für den Verkauf gab es zwei Tochtergesellschaften, in Danzig und Saarbrücken, und sukzessive Vertriebsfirmen im Ausland, die die Geräte von Max Levy verkauften. Zum Erfolg gehörten auch ansprechend gestaltete Produktkataloge. Ihr Layout spielte eine wichtige Rolle, um Interesse für die neueste Technik zu wecken wie beim Katalog für Ventilatoren von 1912 in unterschiedlichen Grautönen, mit roten Ventilatorenblättern und einem modernen Corporate Design. Den Druck gab Max Levy nur zwei Blocks weiter nördlich, in der Müllerstraße 138d, bei der Buchdruckerei Gebr. Jacob in Auftrag.

Während des Ersten Weltkriegs musste Levy die Produktion umstellen. Jetzt produzierten bis zu 1000 Mitarbeiter – darunter viele Frauen – Maschinen und Zubehör für Flieger, Funker und U-Boote sowie 4000 Geschosshülsen pro Tag. Die Fabrik war zu der Zeit einer der größten Arbeitgeber im Wedding. Nach dem Ersten Weltkrieg reduzierte sich die Belegschaft auf um die 800 Angestellte. Die Novemberrevolution 1918/19 versetzte Berlin in einen anhaltenden Unruhezustand. Im April 1919 setzten die Streiks in der Metallindustrie ein. Es ging unter anderem um Mitbestimmung bei Kündigungen durch einen Angestelltenausschuss und um feste Tariflöhne. Aufgrund mangelnden Entgegenkommens seitens der Unternehmer schloss sich die Elektroindustrie an. Berlins Metall- und Elektroindustrie stand vor einem Blackout. Die Situation spitzte sich im Sommer 1919 weiter zu. Aufgebracht von diesen Zuständen schrieb Max Levy in der *Deutschen Allgemeinen Zeitung* am 15. August 1919: „Die Zukunftsaussichten der elektrotechnischen Industrie sind undurchsichtig. Die innere technische Grundlage ist gesund. Krank ist das Verhältnis von Arbeitnehmer zu Arbeitgeber." Auch in seiner Fabrik kam es zu Streiks, im Oktober 1919 dann zur Einigung. Es wurde ein Tarifvertrag für die Angestellten der Metallverarbeitung mit fester Einordnung in Lohngruppen beschlossen. Die Situation im Werk blieb weiter angespannt. In seinen Erinnerungen schrieb Levy 1922 über diese Zeit: „So war das Verhältnis zu den Angestellten und Arbeitern, von einer kurzen nachrevolutionären Zeitperiode abgesehen, immer ein befriedigendes."

Seine Frau Josephine Rathenau, eine Pionierin auf dem Feld der Berufsberatung für Mädchen und Frauen, starb am 15. November 1921. Die Ehe war kinderlos geblieben. Max Levy heiratete ein zweites Mal. Mit Clara (Claire) Hagelberg (geb. 1894, gest. 1988) bekam er zwei Kinder. Sein Unternehmen brachte weiterhin neue Produkte auf den Markt wie Motoren für Nähmaschinen, Staubsauger und andere Haushaltsgeräte. Max Levy ging 1931 mit seiner Familie nach Italien, wo er am 4. April 1932 in Meran starb.

In den 1910er und 1920er Jahren – womöglich auch aufgrund der Fabrik von Max Levy – zogen jüdische Familien in die Gegend rund um den Leopoldplatz und die Müllerstraße. Beispielsweise wohnte Recha Flatow, Schriftführerin im Jüdischen Frauenverein Wedding-Gesundbrunnen, in der Müllerstraße 40A. Und an der Adresse Nazarethkirchstraße 49 wohnten Ella Gattel (geb. 1883, Freitod 1942), eine der Töchter des Besitzers des jüdischen Hutimperiums Gattel, sowie Erna und Leopold Friedländer. Auch in der fußläufig erreichbaren Malplaquetstraße und Liebenwalder Straße wohnten Menschen mit jüdischen Wurzeln – Familien und Handwerker. Und an der Adresse Müllerstraße 30, im Wohn- und Geschäftshaus direkt an der Hauptstraße, hatte die jüdische Firma Gebrüder Bendel ein Geschäft für Lampen und Haustechnik. Es gab weitere jüdische Läden von der Getreidehandlung bis zum Tuchhaus, jedoch entstand keine „Kiez-Community", weil der Gegend rund um den Leopoldplatz eine Synagoge fehlte.

Lange bevor Max Levy seine Fabrik errichtete, gehörte die Familie Gattel zu den jüdischen Unternehmern mit Mut und Visionskraft, denn sie entschied sich bereits in der zweiten Hälfte der 1880er Jahre für eine neue Fabrik im hohen Norden: Prinzenallee 58. Die Anfänge des Unternehmens lagen laut dem Berliner Handelsregister von 1870 in der Linienstraße 241, in der es ein Ladenlokal gab, und in der Heilige-Geiststraße 35 (die erste Querstraße östlich vom Schloss und wenige Gehminuten von der Alten Synagoge in der Heidereutergasse entfernt), in der sich die eigene Wollfilz- und Strohhutfabrik befand. Mit ihren Hüten und Mützen gehörten die Gattels schnell zu den etablierten Unternehmen sowie zur aufstrebenden Modemetropole Berlin.

Was sahen die Gattels in den späten 1880er Jahren in der Prinzenallee? Es gab große, unbebaute Flächen und das Land war billig. Entlang der recht breiten Prinzenallee und insbesondere südlich der Soldiner Straße reihten sich zahlreiche Lederfabriken aneinander. Die größte unter ihnen befand sich auf dem Areal Prinzenallee 54–56: Es handelte sich um die Weißgerberei und Glacéleder-Fabrik Emanuel Meyer, dort ansässig seit den 1850er Jahren. Sie gehörte 1882 mit cica 220 Arbeitern zu den größten Firmen in der Gegend und legte 1907 den größten Wirtschaftsskandal der Lederbranche hin: Vor dem Hintergrund der starken Konkurrenz nahm die Firma „die Ledererzeugung nach dem Chromsäureverfahren auf und stellte Oberleder aus Lammfellen her, die sie im Orient einkaufte.

[…] Ihren Hauptabsatz fand die Firma Emanuel Meyer in den Vereinigten Staaten von Amerika“, so die Ausgangslage laut dem *Berliner Tageblatt* (03.09.1907). Jedoch machten die Zölle das Geschäft zunehmend unattraktiver und Herr Meyer investierte in Kooperation mit einer Pariser Firma in die Errichtung einer Fabrik in Amerika. Hierfür lieh er sich hauptsächlich kurzfristige Kredite von 14 in- und ausländischen Banken, die Meyer früher oder später nicht mehr bedienen konnte. Dies war möglich, weil Banken untereinander nicht auskunftspflichtig waren oder sie – selbst kurz vor einem Firmenzusammenbruch – in die Auskunftei günstige Auskünfte eintrugen. Darüber hinaus witterte jede Bank ein gutes Geschäft mit dem expansionsgetriebenen Geschäftsmann. Es kam 1907 zur Insolvenz: „Die Situation der Firma Emanuel Meyer muss schon seit längerer Zeit prekär gewesen sein“, so das *Berliner Tageblatt* (04.09.1907). Später verlagerte das Unternehmen seinen Hauptsitz nach Guben in der Niederlausitz und feierte dort 1932 sein 100-jähriges Firmenjubiläum, wozu die jüdische *Central-Verein-Zeitung* (07.10.1932) gratulierte.
Zurück in die Prinzenallee und zu den Gattels: Für den Neubeginn beauftragten sie den jüdischen Architekten Georg Lewy mit den Plänen für Wohnhaus und Fabrik von der Prinzenallee bis zur Panke. Er reichte 1889 den Bauantrag ein. Im Eiltempo entstanden in den kommenden zwei Jahren die neue Hutfabrik mit Hof, ein weiterer Hof mit niedrigen Nebengebäuden und das repräsentative Wohnhaus an der Prinzenallee. Hinzu kam die neueste Technik, denn es brauchte Dampf, Wärme und Feuchtigkeit für die serielle Herstellung von Wollfilzhüten. Im September 1891 wurden die ersten Rohstoffe und Materialien angeliefert, Mitarbeiter in die neue Produktion eingewiesen, die Kessel angeheizt und die Hutherstellung gestartet. Das Familienunternehmen stellte für Herren und Knaben Wollfilzhüte, Strohhüte – für die es Strohhut-Näherinnen gab – und Hanfhüte her und beschäftigte bis zu 175 Angestellte.

Die Adresse Prinzenallee 58 war über viele Jahrzehnte mit der jüdischen Familie Gattel verbunden, denn die drei Brüder und Firmengründer Borchard, Moritz und Leo Gattel sowie später die beiden Söhne von Borchard Gattel, Max und Richard, wohnten mit ihren Familien in den großen Etagenwohnungen an der Prinzenallee. Hier befanden sich die Räumlichkeiten für alle geschäftlichen Angelegenheiten. So entstand eine besondere Beziehung zwischen den Firmeninhabern, Geschäftspartnern und Angestellten, die jeden Tag am Wohnhaus der Gattels vorbeigingen, um zur Fabrik zu kommen. Als beispielsweise Moritz Gattel am 23. Januar 1906 starb, schrieb die Belegschaft in ihrem Nachruf: „Trauernd stehen wir an seiner Bahre, verlieren wir doch in dem Dahingeschiedenen nicht allein einen Chef von größter Herzensgüte, der uns allen in seinem rastlosen Streben und seiner Einfachheit ein leuchtendes Vorbild gewesen, sondern auch einen wahren Freund, der er jedem einzelnen seiner Angestellten war" (*Berliner Tageblatt*, 24.01.1906). Die Bestattung fand auf dem Jüdischen Friedhof in Weißensee statt. Das Ende dieser Firmenära war 1931 gekommen, denn finanzielle Schwierigkeiten führten zum Aus. In den 1930er Jahren wurde die Hutfabrik zu Wohnzwecken umgenutzt.

Zu einem kleinen, eigenen jüdischen Kiez sollte sich die südlich gelegene Badstraße entwickeln. Hier lebten und arbeiteten die ersten jüdischen Bewohner in den 1880er Jahren. Familien, Ärzte, Kaufleute und gläubige Juden lernten sich kennen und beschlossen in den 1890er Jahren, den privaten Religionsverein Ahawas Achim zu gründen. Die Vernetzung untereinander und die gemeinsamen Gottesdienste standen im Mittelpunkt.

Die Badstraße besaß um 1900 eine besondere Magie: Ihr Aufstieg als Vergnügungsmeile begann in der zweiten Hälfte des 19. Jahrhunderts mit Gartenlokalen und Trinkhallen, mutigen Kaufleuten, dem Produktionsstandort der Adler-Bier-Brauerei sowie den

Planungen der Stadt für eine Markthalle. Zudem machten der Bahnhof und die Straßenbahn die Badstraße zu einer wichtigen Verkehrsader. Insbesondere in den 1890er Jahren veränderte sich „der Brunnen“, wie Berliner den Gesundbrunnen nannten. „Pferdebahnen, Omnibus, elektr. Bahn – alles verkehrt nach dem Gesundbrunnen. Der Verkehr der Badstraße hat nur in der Leipziger- und der Oranienstraße ein Gegenstück. Die breite Badstraße ist mit Häusern nach Berliner Modell besetzt, und Laden reiht sich an Laden“, so ein Bericht im *Berliner Tageblatt* (20.05.1897). Im September 1895 fuhr die erste elektrische Straßenbahn von der Badstraße zur Damerowstraße in Pankow. Sie bestand aus vier Wagen mit jeweils 16 Sitz- und 14 Stehplätzen, Glühlampen im Innenraum und einem Glaskasten für das Fahrgeld am Einstieg. Die Unterhaltung mit dem Fahrer war streng untersagt. Bei ihrer Jungfernfahrt am 10. September 1895 standen hunderte Schaulustige an der Prinzenallee und in den Lokalen fanden ausgelassene Festveranstaltungen statt. Gut zehn Jahre später berichtete die Presse, dass auch die letzten Grundstücke und Ausflugslokale der Bauspekulation zum Opfer gefallen seien, der Gesundbrunnen ein vollständig neues Kleid anzöge. Somit war die Badstraße um 1900 ein bisschen so, wie der Weddingplatz in den 1880er Jahren war: dynamisch, hoffnungsvoll, wechselhaft. Aber sie besaß auch eine dunkle Seite. Es gab verrufene Lokale, bittere Armut, viele Selbstmorde, Raubüberfälle, Verkehrsunfälle und Wohnungsbrände. Nirgendwo anders in Berlin lagen Hoffnung und soziale Not so nah beieinander.

Zu den größten jüdischen Firmen der ersten Stunde gehörte die Tresorfabrik S. J. Arnheim. Carl Arnheim (geb. 1851, gest. 1905) übernahm 1875 das Unternehmen von Simon Joel Arnheim (geb. 1802, gest. 1875) – dem „Vater der Geldschrank-Industrie“ (*Berliner Börsen-Zeitung*, 15.07.1925). Mit dem Talent seines Vaters gesegnet, erhielt er für seine handwerklichen Verdienste das Prädikat eines königlichen

Hof- und Kunstschlossers, im Jahr 1889 vom Kaiser die Goldmedaille für gewerbliche Leistungen und 1902 den Titel eines kaiserlich-österreichischen und königlich-ungarischen Hoflieferanten, der daraufhin auf sämtlichen Werbeanzeigen prangte.

Neue Impulse wollte Carl Arnheim mit einer modernen Produktionsstätte setzen. Um 1890 muss er sich mit dieser Idee beschäftigt haben, denn kurze Zeit später beauftragte er den Architekten Wilhelm Martens, spezialisiert auf Bankgebäude, mit den Planungen eines Wohngebäudes an der Badstraße 40/41 sowie neuen Fabrikgebäuden auf dem dahinterliegenden Areal. Als Erstes entstand das imposante, freistehende Mietshaus mit seinen leuchtend roten Ziegeln, einer symmetrischen Fassade, Balkonen, einem Giebel, einem betonten Haupteingang in der Mitte und zwei Seiteneingängen zu den Treppenhäusern. Die schmalen Seitenfassaden dienten als Werbeflächen: Im Wechsel von Ziegelsteinen und verputzten Flächen entstand wie bei einem Tresor ein äußerer und innerer Rahmen. Diese waren mit Stäben kunstvoll verbunden. In der inneren verputzten Fläche standen Daten zum Unternehmen und darüber das Baujahr des Gebäudes. Und hinter dem Wohnhaus begannen die Produktionsstätten. In von Tageslicht erhellten großen Hallen entstanden die Arnheim'schen Meisterwerke aus Metall. Hier kamen Technik und Kunsthandwerk zusammen, was die Produkte sehr hochwertig machte. Ob Tresore für Banken, Hotels oder Kaufhäuser, Metallschränke, Juwelierschränke zur Aufbewahrung exklusiver Schmuckstücke, Geldkassetten

Abb. 8: Carl Arnheim, ca. 1895.

Abb. 9: Produktionsflächen Tresorbauunternehmen Arnheim.

oder eiserne Bücherschränke, Arnheim war die erste Wahl bei den großen Bankhäusern und Luxushotels wie dem Berliner Adlon. Die Beratung und der Verkauf dieser Schmuckstücke fand in der Leipziger Straße 126 statt, so eine Anzeige von 1895, später an der Adresse Unter den Linden 32. Arnheims neue Fabrik zog die Konkurrenz in die Badstraße, denn die Tresorbauanstalt und Geldschrankfirma M. Fabian – Inhaber waren Max Mothes und Paul Fabian, ansässig in der Fennstraße 21 – kaufte 1896 das 6474 m² umfassende Grundstück Badstraße 59, ließ sogleich eine neue Produktionsstätte bauen und beschäftigte bis zu 250 Arbeiter.

Abb. 10: Produktionshalle Arnheim.

Das Firmenimperium Arnheim verlor am 30. September 1905 seinen Inhaber: Carl Arnheim starb nach schwerem Leiden in Meran. „Diesem Leiter einer der größten Geldschrankfabriken Berlins rühmt selbst die antisemitische ‚Staatsbürger-Ztg.' nach, daß er auch stets die künstlerische Seite seines Handwerks gepflegt habe – ein Zugeständnis von der Seite, die den Juden stets die Befähigung zum Handwerk abzusprechen pflegt!", so die Zeitung *Im deutschen Reich* (Heft 10, Oktober 1905). Auch die Mieter des Wohnhauses veröffentlichten eine Traueranzeige: „Durch das Ableben unseres hochwerthen Wirthes, des Fabrikbesitzers Carl Arnheim, sind wir in tiefe Trauer versetzt worden. Wir werden dem teuren Entschlafenen stets ein ehrendes Andenken bewahren" (*Berliner Tageblatt*, 04.10.1905). Carl Arnheim wurde auf dem Jüdischen Friedhof in Weißensee beerdigt. Der jüdische Hintergrund der Familie Arnheim war bekannt und somit waren die Fabrik und das Wohnhaus an der Badstraße ein präsentes Zeichen für den Erfolg jüdischer Industrieller der Gründerzeit.

Ungeachtet der Tatsache, dass der Ruhm der Arnheims nach dem Tod von Carl Arnheim langsam verblasste, die Arbeiter im Jahr 1909 streikten und die Konkurrenz den Absatz reduzierte, nahm die Beliebtheit der Badstraße bei jüdischen Kaufleuten weiter zu. Um 1900 gab es vor allem im *Berliner Tageblatt* Suchanzeigen für koschere Unterkünfte oder israelitische Haushalte in der Badstraße oder Prinzenallee. Somit hatte sich in anderen Teilen der Reichshauptstadt bereits herumgesprochen, dass jüdische Familien an der Badstraße wohnten.

Zu den ersten mutigen, jüdischen Kaufleuten gehörte Isaac Baer, der als 20-Jähriger aus Polen – vermutlich Pinne, das 50 km westlich von Posen liegt – nach Berlin kam. Isaac Baer (geb. 10.01.1859, deportiert am 07.08.1942 nach Theresienstadt, ermordet) wohnte zunächst in der Badstraße 18 und ließ am 3. Januar 1893 sein Handelsgeschäft I. Baer in das Berliner Firmenregister eintragen. Fortan verkaufte er Herren-, Knaben- und Arbeitsbekleidung und nahm Bestellungen für Maßfertigungen an. Unter der Überschrift „Eine eigenartige Schieß-Affaire" berichtete am 12. Januar 1891 das *Berliner*

Tageblatt in seiner Montagsausgabe von einem Schussangriff auf das Haus Badstraße 18 am vergangenen Freitag – zu Beginn des Schabbats. Baer wohnte im ersten Obergeschoss und sein Dienstmädchen traf der zweite Schuss: „Mehrere Schrotkörner sowie Glassplitter der zerschmetterten Fensterscheibe hatten es verletzt." Es blieb nicht bei diesen beiden Schüssen und die Bewohner eilten zum Polizeirevier in die Prinzenallee. Der Täter konnte nie gefasst werden.

Im *Berliner Adressbuch* ist 1896 Baers neue Anschrift verzeichnet: die Badstraße 26. Das Eckgebäude von 1893 schmückten Balkone, Erker und Stuck. Es überragte die teilweise zwei- bis dreigeschossigen Nachbargebäude. Baer mietete in diesem Haus eine Ladenfläche mit Schaufenstern zur Badstraße und zur Prinzenallee. Sein Bekleidungsgeschäft florierte und acht Jahre später kaufte er das Wohn- und Geschäftshaus. In den schweren Zeiten der 1920er Jahre konnte Baer gute Umsätze machen: Neben Familienmitgliedern, die halfen, hatte er acht Angestellte und fünf Schneider. Isaac Baer erweiterte sein Geschäft um Verkaufsflächen im ersten Obergeschoss. Zusätzlich zu seiner selbstständigen Arbeit war er einer der ersten Vorstandsmitglieder des Religionsvereins Ahawas Achim, dem

ABB. 11: BADSTRASSE ECKE PRINZENALLEE MIT DEM GESCHÄFT I. BAER, UM 1900.

er von der Gründung bis zur Auflösung angehörte. Ab 1933 veränderte sich die Situation Isaac Baers dramatisch, denn das Geschäft und die Mitarbeiter waren dem Terror der SA-Leute ausgesetzt. Drohungen, massiver Umsatzrückgang und die antijüdische Atmosphäre auf der Badstraße wurden unerträglich. Im Jahr 1938, nach mehr als 40 Jahren auf der Badstraße, musste Baer sein Lebenswerk und die finanzielle Grundlage aufgeben.

Ein ähnliches Geschäft führte die Familie Barkowsky: B. & J. Barkowsky. Inhaber waren die Brüder Bernhard und Isidor Barkowsky. Über den Ladentisch ging Herren- und Knabenbekleidung. Zuerst waren sie in der Landsberger Allee 30 ansässig und ab 1910 in der Badstraße 58. Die Wahl des Standorts an der Badstraße sollte sich als lohnende Idee herausstellen, denn innerhalb weniger Jahre konnten die Brüder Barkowsky ein weiteres Geschäft an der Reinickendorfer Straße 48 eröffnen. Zur Familie gehörten ebenso die beiden Brüder Julius und Richard Barkowsky, die im Berliner Handelsregister von 1928 zusätzlich als Geschäftsinhaber eingetragen sind. Isidor Barkowsky wohnte gemeinsam mit weiteren Familienmitgliedern in den 1930er Jahren in der Badstraße 58. Er war wie Baer ein engagiertes Mitglied im Religionsverein Ahawas Achim. Zu den Vorstandsmitgliedern der ersten Stunde und zum Badstraßen-Kiez zählte auch der jüdische Kinderarzt Dr. Wilhelm Buttermilch. Er wohnte in der Badstraße 17 und zog 1907 in die Brunnenstraße 69. Laut *Berliner Adressbuch* wohnte und arbeitete ein weiteres frühes Vorstandsmitglied von 1896 an in der Badstraße 40, dem roten Wohnhaus der Arnheims: der jüdische Kaufmann Louis Rosenbach, der an dieser Adresse die Mehlhandlung zur Luisen-Mühle führte. Über viele Jahre war die Mehlhandlung der Rosenbachs ein fester Bestandteil des Badstraßen-Kiezes. Im Jahr 1920 zog die Familie in die Christianiastraße 116A und die Mehlhandlung führte fortan Fritz Schmidt weiter. Louis Rosenbach blieb aktives Mitglied im

Verein Ahawas Achim, 1928 wurde er sogar zweiter Vorsitzender. Seine Frau, Hertha Rosenbach, engagierte sich im Jüdischen Frauenverein Wedding-Gesundbrunnen.

Die Badstraße war jedoch nicht nur eine Goldgrube für Kaufleute. An der Adresse Badstraße 55 übernahm Herr Zander Alexander den Manufakturwarenladen G. & M. Mayer. Es sollte sein zweites Geschäft sein, denn in der Großen Frankfurter Straße (heute: Karl-Marx-Allee) war sein Hauptgeschäft. Herr Alexander starb überraschend im Alter von nur 54 Jahren am 14. September 1905. Sein Schwiegersohn Ernst Borchardt, der bereits 1904 als Inhaber für das Geschäft an der Badstraße eingetragen ist, führte es fort. In demselben Jahr fanden Umbauten am Wohn- und Geschäftshaus Badstraße 55 statt, denn daneben entstand die neu angelegte Bastianstraße. Anschließend war die Hausnummer 55 ein gut sichtbares Eckgebäude. Fast zehn Jahre führte Ernst Borchardt das Geschäft mit Trikotagen, Konfektion und Kurzwaren, bis im Mai 1914 der Konkurs eröffnet wurde, so eine Notiz in der *Berliner Börsen-Zeitung* (29.05.1914).

Zur vielfältigen Mischung des jüdischen Badstraßen-Kiezes gehörten auch kleine Krämerläden. Einen solchen führte Wilhelm Kurz: eine Eierhandlung in der Prinzenallee 87. Sie bestand bis 1910. Genau in dieser Zeit, von 1899 bis 1910, baute sich das jüdische Gemeindeleben samt Synagoge an dieser Adresse auf. Herr Kurz war ebenso wie Richard Apt aktives Mitglied. Apt hatte 1889 die Brunnen-Apotheke in der Badstraße 11 übernommen. Sein Sohn Fritz trat 1922 die Nachfolge an. Am 20. März 1926 starb Richard Apt. Der Religionsverein Ahawas Achim veröffentlichte im *Berliner Tageblatt* eine Traueranzeige für das langjährige Vorstandsmitglied.

Fast sein ganzes Leben verbrachte auch der Uhrmacher und Optiker Michaelis Leschnik (geb. 1877, Freitod 1939) aus der Provinz Posen (Czarnikau) in der Badstraße. Er wohnte und arbeitete laut *Berliner Adressbuch* von 1906 im Haus Badstraße 42/43 und hatte im

Jahr 1907 die Verwaltung des Gebäudes übernommen. Im *Berliner Adressbuch* von 1925 sind zwei Adressen angegeben: Badstraße 42/43 und Badstraße 37a, wo die Familie wahrscheinlich eine Wohnung bezog. Der gut gehende Laden an der Badstraße machte es möglich, dass Leschnik ein zweites Optiker-Geschäft in der Beusselstraße 72 eröffnete. Daneben waren die Tätigkeit im Verein Ahawas Achim sowie das Engagement für die Ärmsten des Viertels eine Herzensangelegenheit für ihn. Im Jahr 1920 führte er den Vorsitz der Berliner Armenkommission im Bereich Badstraße. Später, in den frühen 1930er Jahren, war er gemeinsam mit Rabbiner Siegfried Alexander und Ernst Rosenbach für die Wohlfahrts- und Jugendhilfe der Jüdischen Gemeinde Berlin im Wedding und Gesundbrunnen tätig. Und 1933 wählten ihn die Mitglieder des Vereins Ahawas Achim zum ersten Vorsitzenden. Seine erste Tochter Irene (geb. 1905) heiratete 1928 den Optiker Felix Zimmt. Die Trauung nach jüdischem Ritus vollzog Rabbiner Siegfried Alexander in der Synagoge Lützowstraße. Seine zweite Tochter Käthe (geb. 1908) heiratete 1931 den Uhrmacher Leopold Simon. Nachdem die Töchter Irene und Käthe ausgezogen waren, zogen seine Frau Johanna Leschnik (geb. 1883, deportiert am 13. Juni 1942 nach Sobibor, ermordet) und er in die Badstraße 44. Im Jahr 1937 war sein Optiker- und Uhrengeschäft in der Hausnummer 42/43 ansässig. Jedoch musste Herr Leschnik hilflos mit ansehen, wie sein eigens aufgebauter Wohlstand in den 1930er Jahren durch das NS-Regime innerhalb kürzester Zeit vernichtet wurde. In der

Abb. 12: Geschäft von Michaelis Leschnik, Badstrasse 42.

Pogromnacht 1938 wird das Geschäft an der Badstraße zerschlagen und geplündert. Herr Leschnik erleidet einen Herzanfall. Die jüdische Badstraßen-Gemeinde war bereits deutlich kleiner geworden. Er wählte am 13. März 1939 den Freitod. Seine Leiche fand man an der Fennbrücke.

Abb. 13: Johanna Leschnik mit den Töchtern Irene und Käthe, um 1915.

Viele weitere Geschäfte und Häuser im Zentrum des Gesundbrunnens befanden sich in jüdischem Besitz. Entweder wurden bestehende Geschäfte übernommen oder neue Läden aufgemacht. Ihr Sortiment umfasste Bekleidung, Lebensmittel, Uhren, Schmuck, Haushaltswaren und richtete sich nicht an jüdische Kunden, sondern war vor allem, wie auch die großen Warenhäuser, für kauffreudige Kunden. Somit herrschte Offenheit gegenüber nichtjüdischen Personen. Die jüdischen Geschäftsleute wohnten in der Nähe des eigenen Ladens oder kamen aus anderen Stadtteilen. Die Synagoge in der Prinzenallee 87 wurde von den jüdischen Kaufleuten regelmäßig besucht, die Kinder wurden in den Religionsunterricht geschickt und man lebte nach dem jüdischen Kalender. Die Badstraße samt Nebenstraßen hatte Ende der 1920er Jahre die größte jüdische Community im Wedding, was auch an der Nähe zur Rosenthaler Vorstadt lag. Dort befand sich ab 1910 eine neue Synagoge des privaten Religionsvereins Beth Zion mit 520 Plätzen. Somit hatten die jüdischen Bewohner der Badstraße und der Brunnenstraße gleich zwei Synagogen: in der Prinzenallee und in der Brunnenstraße. Dies förderte das jüdische Geschäfts- und Gemeinschaftsleben.

Ebenso wie das Kaufhaus R. & S. Moses am Weddingplatz im Sommer 1919 massiven Ausschreitungen ausgesetzt war, erlebten Geschäftsleute des Gesundbrunnens eine bis dahin nicht gekannte Welle der Gewalt. Vor allem im Juni 1919 kam es aufgrund der massiv gestiegenen Lebensmittelpreise zu Geschäftsplünderungen in der Badstraße, Prinzenallee, Reinickendorfer Straße sowie der Brunnenstraße. Schaufenster gingen reihenweise zu Bruch, die Ladeneinrichtungen wurden zertrümmert und das Personal in Angst und Schrecken versetzt. In der Badstraße traf es die Butterhandlung Schröder, den Lebensmittelladen von Wilhelm Weigelt, den Zigarrenladen von Gustav Zöllner und das Herrenbekleidungsgeschäft Isidor Bendit. In der Reinickendorfer Straße nahmen sich die Plünderer das Bekleidungsgeschäft Barkowsky und das Kaufhaus D. Levin vor, welches von mehreren hundert Personen gestürmt und ausgeraubt wurde. Die aufgebrachten Menschenmengen nahmen Waren aus allen Abteilungen sowie Kassen mit. Der Rote Wedding war im Ausnahmezustand, jüdische und nichtjüdische Geschäfte waren zertrümmert und nur mit militärischer Unterstützung konnten die Menschen beruhigt werden. Mit noch mehr Härte gingen die neuen Machthaber in den 1930er Jahren gegen jüdische Geschäfte und ihre Inhaber vor. Ihre Ausgrenzung, Demütigung und Enteignung nahmen eine bis dahin in Berlin und Deutschland seit der Reichsgründung 1871 nicht erlebte Form an. Den Höhepunkt dieser Entwicklung markierten die Novemberpogrome 1938 und das anschließende Verbot für Juden zum Betreiben eines Einzelhandelsgeschäfts.

II.
Neubauten mit Magen David

Mit James Hobrechts Stadtplanungen für Berlin in den 1860er Jahren hatte der Wedding erstmals ein auf den gesamten Stadtteil bezogenes Block-, Straßen- und Platzkonzept, welches in Beziehung zu den umliegenden Stadtteilen stand. Aus vormals schmalen Straßen, unregelmäßig angeordneten Häusern und Grundstücksgrenzen sollte preußische Ordnung mit einheitlichen Grundstückslinien, Haupt- und Nebenstraßen und eckigen Plätzen entstehen. Dieser auf dem Reißbrett angelegte neue Stadtraum bot im Zusammenspiel von großen unbebauten Arealen mit geringen Grundstückspreisen ein enormes Potenzial für Investitionen und Spekulationen, aber auch für die Planung des Baus sozialer Einrichtungen der Jüdischen Gemeinde mit geringem Budget.

In den 1890er Jahren war klar, dass vor dem Hintergrund des massiven Zuzugs jüdischer Bürger nach Berlin die vorhandenen beiden Seniorenheime in der Schönhauser Allee und in der Großen Hamburger Straße an ihre Belastungsgrenzen kommen würden und deshalb eine dritte Einrichtung entstehen müsse. Es gab eine besonders engagierte jüdische Witwe, die bereit war, für eine neue Einrichtung Zeit und Vermögen zu investieren. Ein großes Netzwerk und ein noch größeres Herz halfen ihr dabei, ihre Vision zu realisieren. Die Rede ist von Erna Pakscher, geborene Silberstein. Sie erblickte am 26. Juni 1836 in Berlin das Licht der Welt. Ihr Mann David Pakscher, geboren am 31. März 1819 in Posen, war Kaufmann und starb am 21. April 1884. Bereits zu Lebzeiten ihres Mannes, aber auch nach seinem Tod engagierte sich Erna Pakscher für die jüdischen Altersheime und übernahm verschiedene Ämter. Sie sollte zur wichtigsten Mäzenin für das Jüdische Altersheim im Wedding werden.

Intensives Engagement von unterschiedlichen Personen bewirkte, dass sich aus vielen Ideen für ein drittes Altersheim im Frühjahr 1899 eine Lösung herauskristallisierte. Am 28. April 1899 berichtete *Der Gemeindebote* über den Beschluss des Berliner Magistrats zur unentgeltlichen Überlassung eines Grundstücks an der Exerzierstraße an die Jüdische Gemeinde für die Errichtung eines dritten Altersheims. Die kostenlose Überlassung gehörte zum Antrag der Jüdischen Gemeinde, denn *Der Israelit* berichtete: „Mit Rücksicht nun auf die zahlreichen Wohlthätigkeitsanstalten und Wohlfahrtseinrichtungen, welche die hiesige jüdische Gemeinde aus eigenen Mitteln unterhält, wodurch der Stadtgemeinde ganz erhebliche Kosten erspart werden, hat das Magistratskollegium beschlossen, dem Gesuche dahin zu willfahren" (27.04.1899). Der Magistrat stellte mit der in Aussicht gestellten kostenlosen Grundstücksübertragung zwei Bedingungen, erstens: Baubeginn im selben Jahr; zweitens: Das Grundstück fällt zurück an die Stadt, sobald die Nutzung geändert wird oder wegfällt. Dieser Beschluss musste eine zweite Instanz passieren: Am 4. Mai 1899 hat dann die Berliner Stadtverordnetenversammlung ohne Diskussion oder Gegenstimme dem Vorschlag zugestimmt. Das Grundstück umfasste ca. 6419 m^2 und hatte seinerzeit einen geschätzten Wert von 100 000 Mark. Der Grundstücksdeal wurde lange und durch Netzwerke und das Engagement des jüdischen Kaufmanns und Philanthropen Moritz Manheimer – später Kuratoriumsmitglied der Einrichtung – vorbereitet, denn es war nicht üblich, dass die Stadt Berlin einer Religionsgemeinschaft unentgeltlich Grundstücke überlässt.

Trotz der Großzügigkeit seitens der Stadt Berlin gab es innerhalb der Jüdischen Gemeinde noch offene Fragen. In der Repräsentantenversammlung am 29. Juni 1899 ging es unter Punkt 4 der Tagesordnung um mögliche Risiken für die Gemeinde. Es entstünde bezüglich der finanziellen Seite keine Gefahr; „eine Dame habe sich schon bereit erklärt, zum Bau die Summe von 200 000 Mark zu spenden" (*Allgemeine Zeitung des Judenthums*, 07.07.1899). Auch sei es üblich, die Rückübertragung einer solchen Schenkung festzulegen und daher sollte man nicht versuchen, diesen Punkt zu ändern. Ferner konstatierte man, dass sich eine solche Rückübertragung in den vergangenen 60 Jahren nicht ereignet habe. In der Sitzung teilte Manheimer mit, „daß bereits 100 Kandidatinnen für die Aufnahme in die Anstalt vorgemerkt seien". Somit wäre die zukünftige Auslastung der Einrichtung gesichert. Weitere Anwesende hoben die großartige Lage und Ausdehnung des Areals hervor. Am Ende stimmten die Anwesenden der Grundstücksüberlassung einstimmig zu.

Eine Nachricht zu einer weiteren Spende für das neue Altersheim veröffentlichten die *Populär-wissenschaftlichen Monatsblätter zur Belehrung über das Judenthum für Gebildete aller Confessionen*: Auguste Viktoria von Preußen, die Kaiserin und Königin von Preußen, spendete 2000 Mark für den Neubau an der Exerzierstraße (01.06.1901). Zu diesem Zeitpunkt waren die Planungen abgeschlossen und die Bauarbeiten in vollem Gange. Nach den Entwürfen des Gemeinde-Architekten Johann Hoeniger entstand der imposante Rotziegelbau. Hoeniger war seit 1881 als Gemeindebaumeister für die Jüdische Gemeinde in allen Angelegenheiten bezüglich der Gebäude zuständig. Seine Aufgaben reichten von der Neubauplanung und dem Gebäudeerhalt bis zur Baubegleitung. Nicht alle Gebäude der Jüdischen Gemeinde stammten aus seiner Feder, aber er war stets in die Ausführung eingebunden. Neben dem Jüdischen Altersheim im Wedding gehörten zu Hoenigers Bauwerken beispielsweise die Knabenschule in der Großen Hamburger Straße sowie die Synagogen in der Rykestraße und der Levetzowstraße. Im Nachruf auf den Architekten in der *Allgemeinen Zeitung des Judentums* vom 14. Februar 1913 fand das Altersheim im Wedding Erwähnung.

An der Exerzierstraße schuf Hoeniger ein breit gelagertes Gebäude mit einem betonten Mittelbau in historisierender Formensprache: gotischer Spitzbogen am Mittelbau und romanischer Rundbogen an den Seitenflügeln. Die symmetrisch gestaltete Hauptfassade mit Mittelrisalit, Fensterachsen, dezentem Zierrat und einer klassischen horizontalen Trennung zwischen Souterrain, erhöhtem Erdgeschoss und den beiden Obergeschossen strahlte Ruhe aus. Besonders gelungen in der Außenwirkung war das Verhältnis zwischen dem vor die Fassade geschobenen Haupteingang und dem großen Vierpassfenster im zweiten Obergeschoss – begleitet von zwei Spitzbogenfenstern zu beiden Seiten. Im Zentrum des Vierpassfensters sah man den Davidstern. Dahinter platzierte der Architekt die Haussynagoge als größten Raum im ganzen Gebäude. Die Fassade zur Gartenseite gliederte Hoeniger ebenfalls streng: Der Mittelrisalit trat als Erker hervor, seitlich davon wurde die Fassade erst durch große Bögen und

Abb. 14: Synagoge im Altersheim, um 1935.

dann von Fensterachsen gegliedert. Im Mittelrisalit erhielt das Treppenhaus viel Tageslicht. Daneben gaben auf beiden Wohnetagen die Veranden in Südausrichtung den Blick in den Garten frei. Im Souterrain lagen die Küche und die Schlafstuben für das Personal, im Parterre Büroräume und die Wohnung des Inspektors.

Die Synagoge war nach Osten ausgerichtet, nahm den gesamten Mittelbau ein und erhielt viel Tageslicht. In dem hohen Raum zierte die Decke ein geometrisches Muster, über der Eingangstür war ein weiterer großer Davidstern angebracht und zwei Deckenleuchter schwebten über den Holzbänken. Kaminöfen sicherten die ganzjährige Nutzung der Synagoge. Den Bereich für den Rabbiner betonten schlanke Säulen. Es gab hebräische Inschriften an der Wand. Und auch wenn die Synagoge in den ersten Jahren deutlich mehr Platz bot, als notwendig gewesen wäre, also noch nicht voll ausgelastet war, kam ihr eine besondere Bedeutung für die Gemeinde zu. Sie war die erste Synagoge im Wedding, die sich in einem Gebäude der Jüdischen Gemeinde befand – geplant und umgesetzt für einen langen Nutzungszeitraum. Ohne diesen Betsaal wäre beispielsweise der Umzug für jüdische Senioren aus anderen Stadtteilen in den Wedding kaum vorstellbar gewesen. Auch ist es eine der wenigen Synagogen im gotischen Stil.

Am 1. Juli 1902, gut zwei Monate vor der offiziellen Einweihung, konnte das Gebäude bezogen werden und ab dem 15. Juli 1902 übernahmen die ersten Senioren ihre Zimmer. Im September 1902 wohnten 25 Menschen in dem Haus, das auf zwei Etagen für 35 Personen Unterkunft bot. Zur Einweihungsfeier am 21. September 1902 versammelten sich um 12 Uhr hochrangige Politiker und fast der gesamte Vorstand der hiesigen Jüdischen Gemeinde sowie zahlreiche Repräsentanten in der festlich geschmückten Synagoge, so *Der Gemeindebote* auf der Titelseite seiner Ausgabe vom 26. September 1902. Auf dem Ehrensitz nahm die Gründerin Erna Pakscher Platz.

Die Feierlichkeit eröffnete der Chor der Lindenstraßen-Synagoge mit „Wie schön sind deine Zelte, Jakob". Der Vorsteher der Jüdischen Gemeinde, Julius Jacoby, begrüßte die Gäste, sprach Frau Pakscher seinen Dank für ihr Engagement aus und formulierte die Hoffnung, dass, ähnlich wie in den beiden anderen Altersheimen, den Bewohnern dieses Hauses Liebe und Teilnahme entgegengebracht werde. Anschließend hielt Rabbiner Dr. Maybaum von der Kanzel die Weiherede. Ihm ging es um den Zusammenhalt innerhalb der Gemeinde, die Fürsorge für mittellose Senioren und das Bewusstsein für das Alter. Er schloss die Rede mit dem Weihespruch und dem Segensspruch ab. Erneuter Chorgesang bildete den würdigen Rahmen dieser Feier. Anschließend besichtigten die Gäste bei einem Rundgang die Zimmer und die Ausstattung.

Religiöse Traditionen spielten in dem Altersheim eine wichtige Rolle. In der Küche wurde nach den rituellen Vorschriften gekocht, die Freitagabende wurden zu Ehren des Schabbats und die

Abb. 15: Sederabend im Altersheim, um 1935.

hohen Feiertage getreu der Tradition durch einen Gottesdienst und ein häusliches Festessen begangen und die Sederabende an einer großen Tafel gefeiert. Zu Chanukka gab es im Altersheim Geschenke. Und an Jom Kippur fasteten diejenigen, die in der gesundheitlichen Verfassung dazu waren. Auch Geburtstage oder andere Jubiläen wie Goldene Hochzeiten feierten die Bewohner gemeinsam. In den Sommermonaten lockte der weitläufige Garten die Senioren mit Rasenflächen, hohen Bäumen, Blumenbeeten und Gemüseanpflanzungen in die Natur – eine Insel im Grünen. Oder man traf sich auf den großen Südveranden. Eine besondere Gemeinschaft entstand.

Abb. 16: Garten im Altersheim, um 1935.

Bei der Eröffnung des Hauses stand fest, dass es zu jeder Seite eine Erweiterung geben würde: Die Bauarbeiten hierzu begannen im Frühjahr 1906, im Herbst stand der Rohbau und am 15. April 1907 weihte Rabbiner Dr. Maybaum den Erweiterungsbau ein (*Der Gemeindebote*, 19.04.1907). Stilistisch passten die beiden Seitenflügel zum Hauptgebäude. Erneut ergaben romanische Rundbögen, Ziegel als Fassadenmaterial und eine würdevolle Symmetrie ein harmonisches Ganzes. Die Stifterinnen waren Mathilde Priester, geb. Knopf, und ein weiteres Mal Erna Pakscher. Bei der Einweihung berichtete der Vorsitzende der Altersversorgungsanstalten, Leopold Badt, dass dem Haus die nötigen Mittel fehlen, um die neuen Zimmer zu vergeben. Laut dem Jahresbericht der Altersversorgungsanstalten der Jüdischen Gemeinde 1908 standen viele der neuen Zimmer leer, obwohl zahlreiche Anmeldungen vorlagen, so die *Jüdische Volksstimme* (01.10.1909). Die damalige finanzielle Situation der Alten, da es keine Rente nach heutigen Richtlinien gab, ist mit späteren Bedingungen nicht vergleichbar. In einem Altersheim wohnten Senioren, deren Angehörige sich nicht um sie kümmern konnten oder die finanziell nicht in der Lage waren, einen eigenen Haushalt zu finanzieren. Das Altersheim im Wedding musste für die Versorgung der Bewohner selbst aufkommen. Es war abhängig von Spenden, um neue Bewohner aufzunehmen. Üblich waren sogenannte Zimmerstiftungen, was bedeutete, dass dem Haus ein bestimmter Betrag gespendet wurde, damit ein Bewohner aufgenommen werden konnte. Daher kam auch die große Dankbarkeit der Bewohner gegenüber der Mäzenin Erna Pakscher und den vielen engagierten Mitarbeitern.

Erna Pakscher spendete zu Lebzeiten und mit ihrem Erbe rund eine Million Mark für das Altersheim im Wedding. Hinzu kamen viele Stunden des persönlichen Einsatzes, die in Zahlen nicht aufzurechnen sind. „Gestiftet zum Andenken an David Pakscher von Frau Erna Pakscker" – dieser Satz stand bei der Einweihung des Hauses als Inschrift über dem Haupteingang. Er brachte sowohl die Verbundenheit über den Tod hinaus als auch das persönliche Engagement zum Ausdruck. Später, im Jahr 1904, stiftete Erna Pakscher zwei zusammenhängende Zimmer mit der Inschrift: „In Gedenken an N.M. Silberstein und dessen Gattin" – somit in Gedenken an die eigenen Eltern Nathan Moses Silberstein und Hanne Silberstein.

Dieses Haus an der Exerzierstraße war das Lebenswerk einer selbstlosen und außergewöhnlichen Mäzenin und sollte auf alle Ewigkeit an die Familie Pakscher erinnern. „Wenn sie in die Anstalt kam, hätte niemand in der Frau im einfachen schwarzen Kleid eine Millionärin vermutet, die beinahe ohne Ende zu geben bereit war", so beschrieb Etty Hirschfeld in ihrem 1935 erschienenen Buch über die Altersheime und Krankenhäuser der Jüdischen Gemeinde zu Berlin die Mäzenin. Noch zu Lebzeiten, zu ihrem 70. Geburtstag am 26. Juni 1906, ließen die Heimbewohner im Garten ein Denkmal für Erna Pakscher errichten. Drei Jahre später starb sie am 2. Dezember 1909. Der Vorstand der Jüdischen Gemeinde veröffentlichte folgenden Nachruf: „Die Verblichene hat viele Jahre hindurch in aufopfernder Treue ihre ganze Kraft den Wohlfahrtswerken der hiesigen jüdischen Gemeinde gewidmet, als Vorsitzende der Ehrendamen der III. Altersversorgungsanstalt wie als Ehrendame der II. Altersversorgungsanstalt, des Krankenhauses und des Hospitals. Die III. Altersversorgungsanstalt (an der Exerzierstraße) ist zum größten Teil aus den hochherzigen bedeutenden Zuwendungen der Heimgegangenen errichtet. Das Andenken der edlen Frau wird dauernd gesegnet sein" (*Der Gemeindebote*, 10.12.1909).

Erna Pakscher wurde am 5. Dezember 1909 auf dem Jüdischen Friedhof Schönhauser Allee neben ihrem Ehemann David Pakscher beerdigt. Für die Heimbewohner fand am 19. Dezember 1909 in der Haussynagoge eine sehr emotionale Trauerfeier statt. Über ihren Tod hinaus war Erna Packscher für die Bewohner eine Wohltäterin. Am Geburtstag der „Heimgegangenen", am 26. Juni 1910, versammelten sich die Bewohner, der Vorstand und die Ehrendamen des Hauses in der Synagoge. Rabbiner Dr. Levin erwähnte in seiner Predigt ihre Bescheidenheit und Hochherzigkeit. Anschließend legten die Bewohner an ihrem festlich geschmückten Denkmal im Garten Kränze nieder.

Insgesamt beherbergte das Altersheim in der Exerzierstraße 1907/08 circa 60 Personen (Große Hamburger Straße 112 Personen, Schönhauser Allee 88 Personen), während es 1910 schon 98 Senioren und in den 1930er Jahren sogar 175 waren. „Wir leben hier auf einer glücklichen Insel", sagte eine Bewohnerin 1935. Somit vollbrachten Hoeniger und Pakscher im Wedding ein kleines Wunder für die Jüdische Gemeinde, denn mit nur wenigen finanziellen Mitteln entstand ein ansehnliches Gebäude in einer ruhigen Lage und eine neue Gemeinschaft für mittellose Senioren. Darüber hinaus war das Verhalten von Erna Packscher beispielgebend. So kam es vor, dass Bewohner, die doch etwas erbten, dieses dem Haus spendeten oder sogar einzelne Zimmer stifteten.

Ins Jüdische Krankenhaus wiederum kamen schwangere Frauen zur Entbindung, geschwächte Jugendliche zur Erholung und kranke Menschen ganz unterschiedlicher Konfessionen. Ein Krankenhaus mit sämtlichen modernen Abteilungen bestand zu der Zeit aus einem oder mehreren Hauptgebäuden und Pavillons für Spezialabteilungen. Die Gebäude umgaben meist großzügige Grünflächen. Aufgrund des verfügbaren Baulands und noch günstiger Preise kam der Wedding bei den Planungen der Jüdischen Gemeinde für ein neues Krankenhaus mit ins Spiel.

Am 3. Juli 1903 berichtete *Der Gemeindebote* über die Absicht der Berliner Jüdischen Gemeinde, das städtische Areal an der Schul- und Exerzierstraße gegenüber dem Altersheim für die Errichtung eines neuen Krankenhauses zu erwerben – bis dahin genutzt von Laubenpiepern der Siedlung Nordkap. Bis zu diesem Zeitpunkt befand sich das Jüdische Krankenhaus in der Auguststraße und Oranienburger Straße: ein Komplex aus Krankenhaus, Schwesternheim und Siechenhaus. Jedoch entsprachen die teilweise mehr als 40 Jahre alten Gebäude nicht mehr den Anforderungen, weshalb nach Alternativen gesucht wurde. Über den alten Komplex hieß es: „Es ist schade, weil wohl selten ein derartig zusammenhängender Komplex im Inneren der Stadt jemals für die jüdische Gemeinde wieder käuflich sein wird, umso mehr als diese Grundstücke sämtlich an den Hof der neuen Synagoge in der Oranienburgerstraße angrenzen", so das *Israelitische Familienblatt* (05.04.1906).

Innerhalb der Jüdischen Gemeinde gab es Bedenken zur Verlegung des Krankenhauses in den Norden, denn der Weg sei für orthodoxe Juden an Schabbat nahezu unmöglich. Befürworter des Neubaus im Wedding hoben das umfassende Hygienekonzept und neue Schwesternheim samt Unterrichtsräumen hervor. Die Meinungsverschiedenheit führte dazu, dass Pläne zur Modernisierung und Erweiterung des zentral gelegenen alten Krankenhauses entstanden. Nach vielen Diskussionen stimmten im April 1904 die Mitglieder der Repräsentantensitzung der Jüdischen Gemeinde einstimmig für den Ankauf des Geländes im Wedding. Anschließend konnte der Magistrat im Mai 1904 den Antrag der Stadtverordnetenversammlung vorlegen.

Im September 1905 berichtete die *Allgemeine Zeitung des Judentums*, dass nicht nur der Grundstückskauf erfolgreich abgeschlossen sei, sondern man auch bei den Planungen der neuen Abteilungen gute Fortschritte erziele. Insbesondere die Entstehung einer gynäkologischen Abteilung war lange Zeit innerhalb der Jüdischen Gemeinde umstritten. Mit der Wahl von Prof. Dr. August Wassermann in den Krankenhausvorstand, ein Schüler des renommierten Robert Kochs und langjähriger Experte auf dem Gebiet der Infektionskrankheiten, war die Hoffnung auf einen Neubau entsprechend der aktuellen technischen und vor allem hygienischen Erkenntnisse verbunden.

Im Frühjahr 1906 folgte die Entscheidung der Jüdischen Gemeinde zu einer öffentlichen Ausschreibung der Krankenhausentwürfe. Es konnten sich Architekten aus Deutschland, Österreich und der Schweiz mit ihren Ideen bis zum 1. Oktober 1906 bewerben. Eine eigens eingesetzte Kommission aus Architekten und Sachverständigen bewertete die über 50 Entwürfe. Interessierte Bürger schauten sich die zahlreichen Arbeiten vom 15. bis zum 29. Dezember 1906 von 10 bis 15 Uhr in der Aula der Knabenschule in der Großen Hamburger Straße an. Das Preisgericht vergab zwei erste Preise, jedoch kam erst im Januar 1910 der Vertrag mit der ausführenden Architektengemeinschaft Konrad Reimer und Friedrich Körte zustande. Seit Grundstückskauf waren fünf Jahre vergangen. Zudem stellte die Gemeinde fest, dass das Areal möglicherweise nicht ausreichen würde und versuchte ein angrenzendes Grundstück von der Stadt Berlin dazu zu erwerben, so das *Israelitische Familienblatt* (01.12.1910).

Nach vielen Debatten innerhalb der Jüdischen Gemeinde begannen im August 1911 die Bauarbeiten und am 5. Oktober 1911 wurde der Grundstein unter Anwesenheit des Gemeindevorstandes, der Repräsentanten, der Rabbiner, der Baukommission, des Krankenhausvorstands und der Ehrendamen sowie zahlreicher Gäste verlegt. Nach den Plänen der Architekten Reimer und Körte sollte ein Gebäudeensemble mit Platz für 230 Betten für 4,5 Millionen Mark entstehen. In der Berichterstattung über die Grundsteinlegung wurde die Frauenabteilung für Frauenkrankheiten und Entbindungen als Besonderheit hervorgehoben. Unter Hammerschlägen, begleitet von zahlreichen Segenssprüchen und guten Wünschen, fand der Grundstein samt Grundsteinurkunde seine ihm zugedachte Position. Abschließend sang der Chor und die Anwesenden besichtigten den Bauplatz.

Zügig gingen die Arbeiten auf der Baustelle voran. Innerhalb von zehn Monaten gab es deutliche Fortschritte. So stand bereits im August 1912 das repräsentative Verwaltungsgebäude an der Exerzierstraße im Rohbau mit seiner Mittelbaufassade mit

Sandsteinverkleidung und einem kleinen Turm als Abschluss. Auch waren auf dem weitläufigen Areal die Gebäude im Pavillonstil im Rohbau fertig. Abermals fand in den Berichten der Tagespresse die zukünftige Entbindungsstation, die nach den modernsten hygienischen Anforderungen entstehe, lobende Erwähnung.

Zu diesem Zeitpunkt begannen die Bauarbeiten auf dem unmittelbar danebenliegenden Grundstück in der Exerzierstraße zur Errichtung des neuen Schwesternheims des Vereins der jüdischen Krankenpflegerinnen – bis dahin in der Auguststraße 17 beheimatet. In dem Neubau, gestiftet von Louis und Rosa Sachs, entstanden nach den Plänen der Architekten Reimer und Körte moderne, hohe und lichtdurchflutete Zimmer. Technisch und hygienisch war das Haus auf dem neuesten Stand. Es sollte Unterkunft für bis zu 100 Schwestern bieten, die im Krankenhaus und in der Stadt die Kranken versorgten. Neben den Einzel- bis 4-Personen-Zimmern gab es den Gemeinschaftssaal, den Speisesaal sowie Unterrichtsräume. Schwestern, die in der Abteilung mit Infektionskranken tätig waren, mussten über einen separaten Eingang zu den Umkleide- und Badezimmern kommen. Am 21. Juni 1914, einen Monat vor dem Ausbruch des Ersten Weltkrieges, wurde das neue Schwesternheim eröffnet. Bei der feierlichen Einweihung sagte Louis Sachs mit Blick auf die Schwestern sowie die hellen, neuen Räume: „In der Luft des Ghetto[s] konnten solche edlen Blüten sich nicht entfalten. Jüdische Krankenschwestern gibt es erst in neuerer Zeit. 1893 wurden die ersten drei Krankenschwestern im Jüdischen Krankenhaus ausgebildet, von denen zwei, die Schwestern Therese und Bianca, noch heute im Krankenpflegedienst tätig sind. Da man aber die Schwestern zum theoretischen Unterricht nicht zuließ, ging man daran, selbstständig zu werden. Man begründete hier in Berlin den Verein für jüdische Krankenpflegerinnen, nachdem kurz vorher ein gleicher Verein in Frankfurt am Main ins Leben getreten war“ (*Der Gemeindebote*, 26.06.1914). Die

Veranstaltung schloss mit einem gemeinsamen Rundgang durch den Neubau ab.

Am nächsten Tag – Montag, der 22. Juni 1914 –, drei Jahre nach der Grundsteinlegung, fand die Einweihung des Krankenhauses statt. Innerhalb von zwei Tagen eröffneten zwei wichtige jüdische Einrichtungen im Wedding und zogen zahlreiche Besucher zu einer Besichtigungstour an. Auf dem weitläufigen Grundstück an der Ecke Exerzier- und Schulstraße standen nun insgesamt sieben Gebäude: das Verwaltungsgebäude mit Synagoge an der Exerzierstraße (1) und dahinter das Haupt-Krankengebäude (2), das Wirtschaftsgebäude (3),

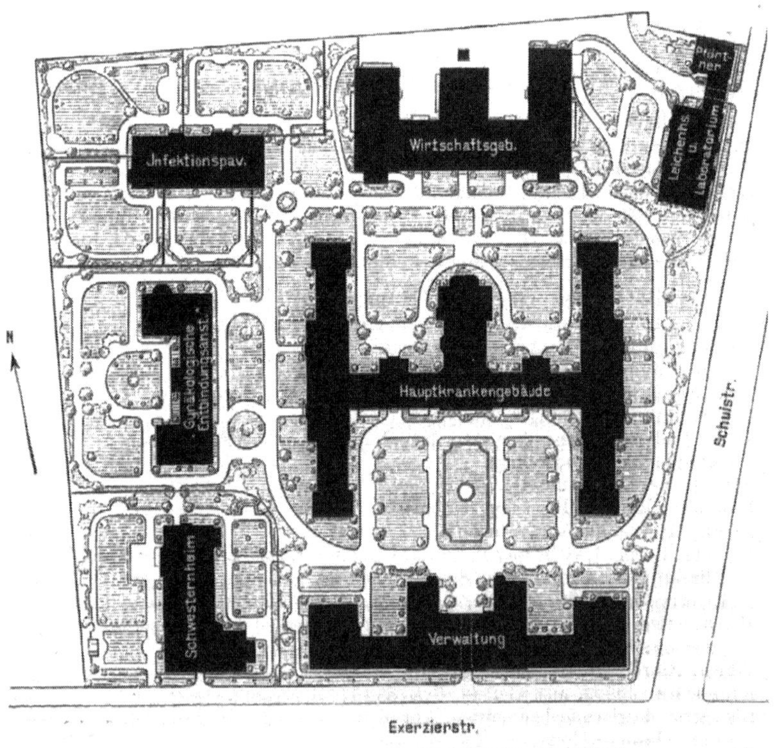

Abb. 17: Lageplan Jüdisches Krankenhaus, 1914.

Abb. 18: Haupteingang Jüdisches Krankenhaus, 1914.

der Infektions-Pavillon (4), ein Gebäude für die Gynäkologische Anstalt sowie die Entbindungsstation (5), das Schwesternheim (6) und an der Schulstraße das Leichenhaus mit Laboratorium samt Pförtnerhaus (7). Und während das Rudolf-Virchow-Krankenhaus im westlichen Teil des Weddings an der Ecke Föhrer und Amrumer Straße mit seinen aneinandergereihten Pavillons eine militärische Ordnung ausstrahlte, prägte das Jüdische Krankenhaus Idylle und Ruhe.

Der mit Davidsternen versehene Verwaltungsbau an der Exerzierstraße, der auch den Haupteingang miteinbegriff, hob die konfessionelle Identität des Gebäudes hervor: Am Mittelrisalit mit drei Achsen und abschließendem Dreiecksgiebel gab es unter den Fenstern im zweiten Obergeschoss jeweils einen Davidstern, der sich in einem Medaillon befand, welches von einer Girlande geschmückt wurde. Darüber hinaus zierte den Dreiecksgiebel ein Relief mit der Inschrift: „Krankenhaus der jüdischen Gemeinde". In diesem Haus befand sich auch die Krankenhaus-Synagoge, jedoch von der Straße nicht sichtbar. Der einfache Betsaal mit den Maßen 6 m x 15 m lag im Seitenflügel und hatte drei große Fenster zum Garten hin. Der Haupteingang lag an der Schmalseite und der Bereich für den Rabbiner nach Osten. Insgesamt gab es sechs Sitzreihen. Ein Davidstern befand sich hier in einem Bullaugenfenster hinter dem Bereich für den Rabbiner.

Der Hauptzugang zum Krankenhaus erfolgte an der Exerzierstraße. Es gab zwei weitere Zugänge: einen am Schwesternheim und

Abb. 19: Synagoge im Seitenflügel des Jüdischen Krankenhauses, 1935.

einen an der Schulstraße (heute Heinz-Galinski-Straße). Von der Straße aus war das Krankenhaus durchaus beeindruckend, denn der betonte Mittelbau des Verwaltungsbaus mitsamt Uhrturm und die anschließenden Seitenflügel mit Walmdach schirmten breit gelagert das dahinterliegende Ensemble von der Straße ab. Im straßenseitigen Verwaltungsgebäude wurden in den poliklinischen Abteilungen arme Menschen sämtlicher Konfessionen behandelt. Dafür waren 15 große Räume sowie einige Nebenräume eingerichtet. Das Jüdische Krankenhaus hatte bei seiner Eröffnung nach der Charité die meisten poliklinischen Abteilungen mit entsprechenden Fachärzten. Es gab eine Apotheke und im zweiten sowie dritten Stock Wohnungen für den ärztlichen Direktor, den Verwaltungsdirektor und die Ärzte. Dahinter stand das dreigeschossige Hauptkrankengebäude, in dem Männer und Frauen getrennt untergebracht wurden. Im Mittelbau gab es die Behandlungsräume sowie das Treppenhaus mit einem Aufzug vom Keller bis zum Dachgeschoss für Kranken-, Leichen- und Essenstransporte. Die Böden in den Krankenzimmern erhielten Linoleum, die Flure und Vorräume Korklinoleum und Bäder sowie Operationsräume Fliesen. Besonderen Wert legte man auf die Ausführung der Türen (1,10 x 2,20 m), damit die oft berührten Oberflächen einfach zu reinigen waren. Ferner wurden sämtliche Leitungen verdeckt verlegt und Konsolen so angebracht, dass sie mit der Wand unmittelbar verbunden waren und allseitig abgewischt werden konnten.

Besonderes Augenmerk galt den OP-Sälen. Für den großen OP-Saal achtete man auf vier Dinge: 1. Vermeidung schlecht zu reinigender Schmutzablagerungen; 2. Vermeidung des oft herabsinkenden kalten Luftzugs; 3. Fernhalten von Besuchern, und 4. Einfaches Öffnen der Fenster im Glasvorbau, so die Beschreibung im *Zentralblatt der Bauverwaltung*. Dementsprechend wurden alle Wände und Böden ohne Vorsprünge ausgeführt. Es gab im eigentlichen OP-Saal keine Heizkörper, sondern ein umlaufender 50 cm breiter, verglaster Korridor nahm die Heizung auf. So konnte eine nahezu gleichmäßige Erwärmung des OP-Saals erreicht werden. Die Konzeption des Operationssaals entsprach modernsten wissenschaftlichen Erkenntnissen und war somit anderen renommierten Einrichtungen sogar voraus. In einem separaten Raum erfolgte die Vorbereitung der Instrumente. In der Wand befand sich eine Öffnung, um im OP-Saal die Instrumente in Empfang zu nehmen.

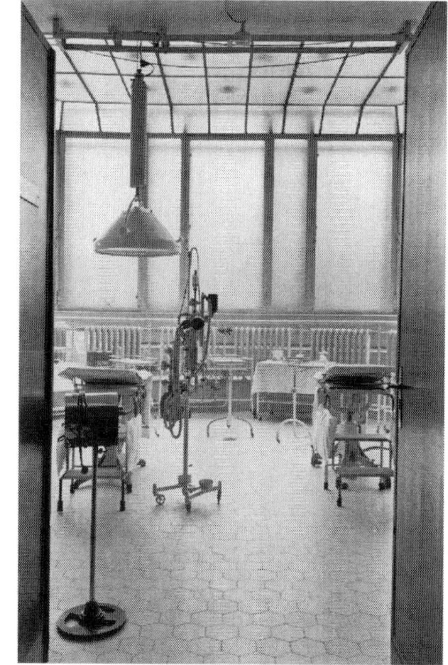

Abb. 20: Operationssaal im Krankenhaus, 1935.

Zu den weiteren Besonderheiten gehörten im Dachgeschoss ein Sonnen- und Luftbad mit Auskleide- und Baderäumen und im Haus hydrotherapeutische Räume für Massagen, Schwitzbäder und Anwendungen mit Hochfrequenzelektrizität. Auch ein eigenes Röntgenlaboratorium stand zur Verfügung. Rund um die Gebäude luden die großzügigen Gartenanlagen zum Spaziergang ein. In dem dahinter liegenden Wirtschaftsgebäude wurde gekocht, die Wäsche gewaschen und alle Waren wurden verwaltet. Und im Maschinenraum schlug das technische Herz des Krankenhauses. Seitlich vom Wirtschaftsgebäude, an der Schulstraße gelegen, erhob sich das Leichenhaus mit unterirdischen Verbindungen zu den anderen Gebäuden. „Im Keller sind die Leichenkammern, im Erdgeschoß zwei Sektionsräume und ein Zimmer für mikroskopische Untersuchungen, in der ersten Etage solche für bakteriologische, serologische und chemische Untersuchungen, während im Obergeschoss ein pathologisch-anatomisches Museum errichtet wird“, so *Der Gemeindebote* (24.07.1914). Besonders wichtig für die damalige Zeit war der separate Infektions-Pavillon mit vier völlig voneinander getrennten Eingängen mit 30 Betten für Masern-, Scharlach- und Diphtheriekranke und eigener Quarantänestation. Ein weiteres besonderes Gebäude war der Pavillon für Entbindungen und Frauenkrankheiten mit ebenfalls 30 Betten: „Im Erdgeschoß befindet sich die Entbindungsstation mit 10 Betten, in einem Flügel des Gebäudes die Säle für aseptische und septische Entbindungen, denen im oberen Geschoß die

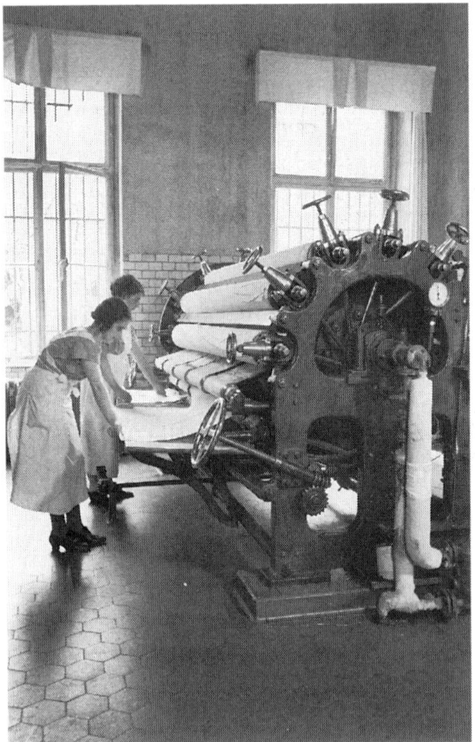

Abb. 21: Im Wirtschaftsgebäude des Krankenhauses, 1935.

Operationssäle für gynäkologische Operationen entsprechen", so die Beschreibung im *Gemeindeboten* (24.07.1914).

„Die jüdische Gemeinde hat mit diesem allen Anforderungen der Krankenfürsorge und der Wissenschaft entsprechenden Krankenhause ein mustergültiges Werk geschaffen, das dem weiten Blick und der Hochherzigkeit der Behörden der jüdischen Gemeinde, die ihre Bedürfnisse nur aus eigener Kraft aufbringt, alle Ehre macht", so ein Bericht in der *Vossischen Zeitung* (18.06.1914). In die Neubauten zogen die Abteilungen des alten Jüdischen Krankenhauses ein. Alle Gebäude verfügten über elektrisches Licht und viele innovative Lösungen. Das Jüdische Krankenhaus gehörte bei seiner Eröffnung mit zu den modernsten Krankenhausbauten Berlins.

Aber unmittelbar nach der Einweihung und dem Einzug war an einen normalen Betrieb kaum zu denken, denn der Erste Weltkrieg brach aus. Im Jüdischen Krankenhaus wurden 30 Betten für

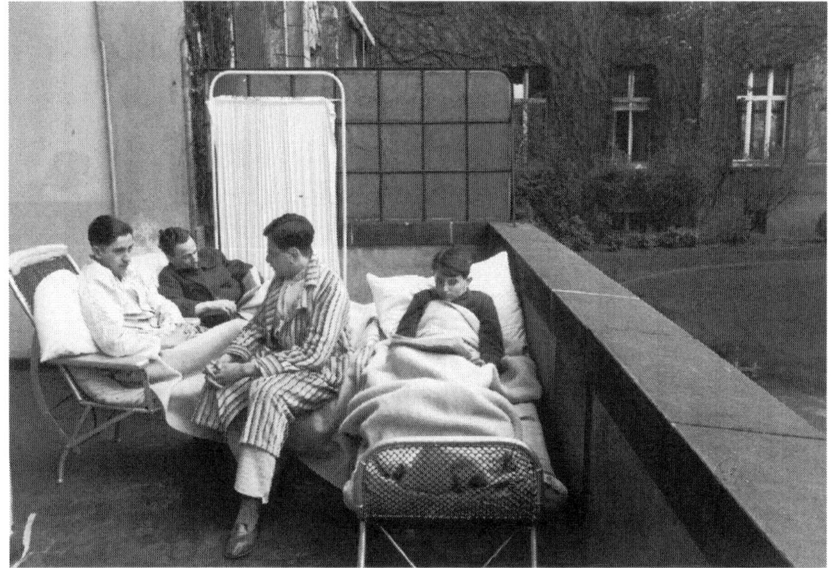

Abb. 22: Junge Patienten auf dem Balkon, 1935.

Kriegsverwundete als Lazarett bereitgestellt und sechs Schwestern für den Kriegsdienst mobilisiert, so *Der Gemeindebote* (28.08.1914). Ein Jahr später berichtete *Der Gemeindebote* von 75 Schwestern im neuen Schwesternheim, von denen zwölf zur Pflege der Verwundeten auf den Kriegsschauplatz gegangen seien. Viele jüdische Krankenschwestern erhielten für ihre Verdienste im Ersten Weltkrieg die Rote-Kreuz-Medaille oder andere Auszeichnungen. Im Schwesternheim fanden Chanukkafeiern unter Kriegsbedingungen statt. Auf der anderen Straßenseite, im Altersheim, haben jüdische Soldaten der Berliner Garnison rituelle Verköstigung zum Pessachfest 1918 erhalten.

Zahlen aus dem Jahr 1925 zeigen, dass im Jüdischen Krankenhaus von den 3375 aufgenommenen Patienten 2107 Juden waren. Der Anteil nichtjüdischer Patienten lag bei 37,7 Prozent. In den frühen 1930er Jahren änderte sich der Krankenhausbetrieb massiv. Zwar wurde weiterhin koscher gekocht und in der Synagoge fanden Gottesdienste statt, aber es kam ab 1933 zu einer Unterbelegung. Dann, mit den Gesetzen zur sogenannten Rassentrennung, durften ab 1938 nur noch jüdische Patienten aufgenommen und behandelt werden. Eine neu eingerichtete Polizeistation im Haus überwachte und kontrollierte alle Vorgänge. Das Krankenhaus wurde zum Ghetto.

Am 19. Juni 1927 feierten Bewohner und Gäste des Jüdischen Altersheimes das 25-jährige Bestehen. Es gab einen Gottesdienst in der hauseigenen Synagoge und Rabbiner Dr. Siegfried Alexander hielt die Festrede. Vermutlich kam er wie stets von der nur 13 Gehminuten entfernten Synagoge in der Prinzenallee 87. Die hübsche kleine Synagoge des Vereins Ahawas Achim war die langersehnte Synagoge für die Vereinsmitglieder. Wie entstand die „Synagoge des Brunnens"?

Es war um 1897, als sich bereits mehrere jüdische Familien und Kaufleute rund um die Badstraße niedergelassen hatten und sich gemeinsam zu privaten Gottesdiensten in einem gemieteten Saal des

Ausflugslokals Weimann's Volksgarten trafen. Aus den ersten Zusammenkünften entwickelte sich eine kleine Gruppe, die diese Tradition vertiefen wollte. Die treibenden Kräfte dahinter waren unter anderem Louis Rosenbach, Isaac Baer, David Wolpe, Dr. Wilhelm Buttermilch und Wilhelm Kurz. Zusammen mit weiteren Mitstreitern gründeten sie am 10. November 1899 den privaten Religionsverein Ahawas Achim. Noch im gleichen Jahr zog der Verein in ein Gartenhäuschen an der Badstraße, um regelmäßige Gottesdienste abzuhalten. Das Häuschen wurde von Rabbiner Hörter eingeweiht. Im August 1900 berichtete *Der Gemeindebote* über die erstaunlichen Fortschritte des kleinen Vereins im Gesundbrunnen, denn es gab regelmäßige Gottesdienste, mehr als zehn zahlende Mitglieder und an der Adresse Prinzenallee 87 war ein neues Gotteshaus im Bau. Am 19. Juli 1900 gab die Stadt dem Bauantrag für einen eingeschossigen Anbau an ein bestehendes Gebäude mit 4,50 m x 9,50 m im hofseitigen Bereich auf dem Grundstück Prinzenallee 87 statt. Sollte dies die neue Synagoge für die Mitglieder von Ahawas Achim werden? Und in der städtischen Gemeindeschule in der Prinzenallee gab Rabbiner Dr. Pick den jüdischen Schülern ersten Religionsunterricht.

In weniger als einem Jahr gelang dem engagierten Vereinsvorstand ein kleines Wunder am Gesundbrunnen. Am 20. September 1900, an Jom Kippur, war es so weit: Die neue Synagoge in der Prinzenallee 87 konnte eingeweiht werden. *Der Gemeindebote* berichtete über das Gebäude und die feierliche Einweihung Folgendes: „Das Bethaus macht einen stimmungsvollen Eindruck und erweckt beim Eintreten in dasselbe durch die ganze Ausstattung andachtsvolle Regungen. Männer und Frauen des Vereins trugen das Ihre durch zum Theil recht werthvolle Weihgeschenke zur Ausschmückung bei" (26.10.1900). Im Beisein von zahlreichen Gästen und unter Abgesang des „Ma Towu", eines jüdischen Gebets, das die Verehrung und Ehrfurcht für Synagogen zum Ausdruck bringt, wurden die

Thorarollen vom Vorstand hereingebracht. Anschließend hielt Rabbiner Dr. Pick eine Ansprache und das ewige Licht wurde entzündet. Dann trug man die Thorarollen siebenmal durch die Synagoge und Rabbiner Dr. Pick hielt eine emotionale Weiherede. *Der Gemeindebote* berichtete: „Die Theilnehmer waren von der Feier sichtlich gehoben. Man nahm zugleich den Eindruck mit, daß der Vorstand des Vereins fleißig gearbeitet haben muß, da es ihm gelungen ist, in verhältnismäßig kurzer Zeit dieses, wenn auch in bescheidenen Grenzen sich zeigende, doch viel Mühe und Opfer verursachende Werk zu Stande zu bringen." Der zeremonielle Vorgang macht die klassische, traditionelle Ausrichtung des Religionsvereins deutlich. Zwei Jahre später, wieder zu den hohen Feiertagen im September 1902, wurde nach einer Vergrößerung des Betraums die Synagoge in der Prinzenallee 87 erneut eingeweiht. Die Zeremonie blieb unverändert klassisch mit dem Anzünden des ewigen Lichts, dem siebenmaligen Umkreisen der Bima mit den Thorarollen und dem Einsetzen der Thorarollen in die heilige Lade. Nach der Weiherede durch Rabbiner Dr. Pick schlossen die Anwesenden die Feier mit dem Maariw-Gebet, dem Abendgebet, ab. Unter den Anwesenden waren Oscar Berlin, Mitglied des Repräsentanten-Collegiums, und Herr Lewinsky, Vorsitzender des Verbands der Synagogen-Vereine, so berichtete *Die jüdische Presse* (01.10.1902).

Im Jahr 1903 hatte der Verein 40 Mitglieder und 20 Schüler. Damit gehörte er zu den jüngsten und kleinsten privaten Synagogenvereinen Berlins. Die intensiven Bestrebungen seiner engagierten Mitglieder machten jüdisches Leben im Wedding und Gesundbrunnen erst möglich. Der Verein finanzierte sich durch Subventionen von der Jüdischen Gemeinde und über Einnahmen seiner zahlenden Mitglieder.

Erfreulicherweise nahm die Zahl der Vereinsmitglieder immer weiter zu. Somit wurde die Synagoge abermals zu klein. Wie aber sollte der Privatverein den Neubau einer größeren Synagoge finanzieren? Und wieder sollte ein kleines Wunder dem Verein zu einem beeindruckenden Neubau verhelfen. Ohne dass die konkreten Umstände, Gespräche, Verhandlungen und Kontakte jemals wieder aufgedeckt werden können, reichte Elisabeth Sauerwald am 1. Juni 1910 bei der Baubehörde Pläne für den Neubau einer Synagoge auf dem gleichen Grundstück ein. Sie war die Eigentümerin des Grundstücks und hatte ein Baugeschäft in der Rosenthaler Straße 40/41, das den Neubau ausführen sollte. Jedoch ist nichts über ihre konkreten Motive bekannt. Sehr wahrscheinlich gab es vor dem Bauantrag entsprechende Absprachen zwischen Frau Sauerwald und dem Vorstand des Religionsvereins, dass dieser die Synagoge nach Fertigstellung miete.

Am 29. August 1910 erteilte die Behörde die Baugenehmigung für die Synagoge mit den maximalen Außenmaßen 12,71 m x 20 m und einer Höhe von 9,20 m. Innerhalb von drei Monaten entstand das Bethaus. Eindeutige Symbole jüdischen Glaubens befanden sich an der dreiachsigen Hauptfassade in Ostausrichtung: Über dem Haupteingang sowie den beiden seitlich anschließenden turmartigen Vorbauten mit flachen Kuppeln gab es jeweils einen Davidstern als Bekrönung und über dem zentralen Eingang einen Schriftzug auf Hebräisch. Das Gebäude war auf der nach Jerusalem ausgerichteten Seite großzügig mit Fenstern bestückt: im unteren Bereich breite Rundbogenfenster im

Abb. 23: Fassade Synagoge Ahawas Achim, Prinzenallee 87, 1910.

Wechsel mit Schmuckornamenten, darüber rechteckige Fenster und ein abschließender Mäanderfries zwischen Obergeschoss und Satteldach – so zumindest die überlieferte Zeichnung. Das Innere gliederte sich in den Vorraum, den anschließenden Betsaal und den heiligen Bereich mit einem Almemor, einem erhöhten Platz in der Synagoge für die Verlesung der Thora mit dem Thoraschrank dahinter. Links und rechts davon befand sich der Platz für den Rabbiner und den Kantor – darüber und fast auf der Höhe der Frauenempore war Platz für einen Chor. Prächtige siebenarmige Leuchter sowie die reiche Verwendung des Magen David betonten diesen Bereich. Während die Männer durch das Vestibül in den doppelgeschossigen Betsaal eintraten, gingen die Frauen über die seitliche Treppe auf die Empore. Diese Trennung ist für orthodoxe Gemeinden seit dem Mittelalter üblich. Darüber hinaus ermöglicht das Vestibül, einer wichtigen Forderung nachzukommen, und zwar dass der Betende zwei Türen passiert: An der ersten streift er die äußere Welt ab und an der zweiten Tür tritt er in das Heiligtum ein.

Abb. 24: Zeichnung Synagogen-Innenraum, 1935.

Wie wirkte das Innere der Synagoge? Im Betsaal stand ein dunkles Gestühl mit 150 Sitzplätzen für Männer: „Sämtliche Männersitze befinden sich in der Mitte des Raumes, unter den Frauen-Emporen liegen nur die Durchgänge“, so das *Israelitische Familienblatt* (15.12.1910). Laut den Planungsakten standen den Frauen im ersten Stock 100 Plätze zur Verfügung. Über den Innenraum ist bekannt, dass es goldene Säulen gab und die Wände in einem matten Gelb gehalten waren, so das *Israelitische Familienblatt*. Und an der Deckenmitte war eine dunkelblaue Rosette mit einem Davidstern. „Das neue Gotteshaus, im maurischen Stile gehalten, und von eigenartigem architektonischen Reize, ist von der Baufirma Sauerwald und dem Architekten Becker, nach des letzteren Plänen errichtet und macht einen ungemein gefälligen Eindruck", so *Der Gemeindebote* (16.12.1910). Und weiter: „In der Reihe der Privatsynagogen bildet dieses neue Gotteshaus zweifellos eine der schönsten." Im *Israelitischen Familienblatt* wird bezüglich des Inneren der Synagoge von einer vornehmen Einfachheit und warmen Intimität gesprochen.

Am Sonntag, den 4. Dezember 1910, war es dann so weit, dass die „Synagoge des Brunnens" feierlich eingeweiht wurde. Der Anspruch des Vorstands und der Mitglieder an diese Feier war sehr hoch. Es kam eine große Aufgabe auf den kleinen Verein zu, denn alles musste bis ins letzte Detail geplant und organisiert werden. Zu den zahlreichen Gästen zählten neben den Vereinsmitgliedern städtische Vertreter wie der Polizeipräsident, die Stadtverordneten, die Landtagsabgeordneten und der Vorstand der Jüdischen Gemeinde. Die Zeremonie vollzog sich mit dem Chorgesang „Dies sind unsere Pforten" (Hebräisch: Seu Scheorim) und mit Harmonium-Begleitung, es traten drei Synagogendiener herein, dahinter drei Mädchen mit Lichtern und dann zwei Mädchen mit Palmenwedeln. Anschließend trugen zwei Mädchen Gedichte vor und der Vorsitzende der Synagoge, David Wolpe, hielt eine kurze Ansprache. Zu Chorgesang wurden die Thorarollen in die heilige Lade gehoben. Dann trug eine Sängerin das Halleluja von Ferdinand Hummel vor, bevor Rabbiner Dr. Pick die Weiherede hielt, der Kantor die Keduscha, ein jüdisches Gebet, vortrug und Rabbiner Dr. Weiße die Festpredigt sprach. Ein Harmoniumspiel beendete an diesem Festtag die erhebende Feier. Es war für alle Anwesenden ein unvergesslicher Tag.

Zeitgleich mit dem Synagogenbau entstand auf dem gleichen Areal ein langgestrecktes mehrgeschossiges Wohnhaus. Während die Synagoge von der Prinzenallee aus nicht sichtbar war, hatten die Bewohner dieses Hauses einen direkten Blick auf die Synagoge und wurden stille Zeugen der jüdischen Rituale und Feste. In der Synagoge wurde geheiratet, fanden Bar und Bat Mizwas und Trauergebete für verstorbene Mitglieder statt. Hier spielte sich das Gemeindeleben der jüdischen Bewohner ab. 25 Jahre nach der Gründung, im Jahr 1925, gehörten noch immer einige Gründungsmitglieder zu den wichtigsten Mitgliedern: Louis Rosenbach (zweiter Vorsitzender) und Isaac Baer (Schriftführer). Überliefert ist, dass zum Jubiläum 150 Männer eingetragen waren, während über die Anzahl der Frauen keine Zahlen vorliegen. In den 1930er Jahren gingen die Mitgliederzahlen dramatisch zurück, denn 1933 waren nur noch 95 Männer eingetragen. Im Protokoll der Generalversammlung vom 30. Januar 1933 heißt es dazu, es sei „ein Zeichen der Zeit und ein Ansporn an uns alle, neue Mitglieder zu werben". Jedoch begann ein schleichender Zerfallsprozess, der mit der sogenannten Auflösungsanordnung durch die Nationalsozialisten vom Oktober 1939 endete.

Von 1899 bis 1922 hatte der Verein drei Rabbiner. Anschließend war das Rabbinat zwei Jahre verwaist. Am Vorabend des Pessachfestes 1924 betrat Rabbiner Dr. Siegfried Alexander als neuer Rabbiner die festlich beleuchtete und voll besetzte Synagoge und übernahm offiziell das Amt. Alle vier Vereinsrabbiner, Ludwig Pick, Jacob Sänger, Arthur Rosenthal und Siegfried Alexander, leisteten für den Religionsverein Ahawas Achim Außergewöhnliches und ihr Engagement gab Juden im Arbeiterbezirk immer wieder Hoffnung und Zuversicht.

Innerhalb von 15 Jahren, von 1899 bis 1914, entstanden in fußläufiger Nähe zueinander drei jüdische Institutionen: das Altersheim in der Exerzierstraße mit einem Davidstern im Vierpassfenster an der Hauptfassade, die auf dem Hof der Prinzenallee 87 gelegene Synagoge des Vereins Ahawas Achim und das Jüdische Krankenhaus mit Davidstern und Inschrift an der Fassade und einer Synagoge zur Gartenseite. Das Altersheim und das Krankenhaus befanden sich im „Stadtbezirk der Nächstenliebe“: zwischen Christianiastraße, Schulstraße und Reinickendorfer Straße. Auf diesem großen Terrain gab es weitere Fürsorgeeinrichtungen wie die Reuter-Stiftung und die Kaiser-Wilhelm-und-Augusta-Stiftung. Durch die Exerzierstraße fuhr die Straßenbahn, sodass Kranke auch mit den öffentlichen Verkehrsmitteln ins Jüdische Krankenhaus kamen. Diese Gegend besaß einen vorstädtischen Charme. Die Synagoge des Vereins Ahawas Achim umgab aufgrund der Hoflage eine gewisse Privatheit. Trotzdem wurde sie in der Pogromnacht 1938 zerstört. Es blieben die Außenmauern und das Dach stehen, während der Innenraum für Gottesdienste nicht mehr genutzt werden konnte. Für die noch im Gesundbrunnen wohnenden Juden gab es nur noch die Synagogen im Krankenhaus oder im Altersheim.

III.
Erziehung, Kunst, Weltbilder

Mit immer weiter steigenden Einwohnerzahlen seit der Reichsgründung 1871 nahm die Vielfalt jüdischer Bürger in Berlin zu. Auch die Anzahl jüdischer Kinder stieg, was Einfluss auf die Anforderungen an das Bildungssystem und die Vermittlung des Hebräischen hatte. Juden mit ganz unterschiedlicher religiöser Erziehung und finanziellen Möglichkeiten, aus östlichen Regionen und mit neuen Bestrebungen für ein zukünftiges jüdisches Ideal begannen, ihre Weltbilder in der aufstrebenden Millionenmetropole zu verbreiten. Es gründeten sich beispielsweise jüdische Hilfsvereine für soziale Unterstützung, Heimatvereine, Musikvereine, Sportvereine und Vereine zum Aufbau eines eigenen Staates. Generell gab es im Jahr 1897 in Berlin 93 jüdische Vereine, so die *Norddeutsche Allgemeine Zeitung* (20.10.1897). Zweck der Vereine war, den Austausch unter Juden zu fördern, politischen Einfluss zu nehmen und eine über den Glauben hinausgehende Gemeinschaft zu schaffen. Zudem entstand in Berlin erstmals eine Flut an Büchern, Aufsätzen und kleinen Publikationen zur Zukunft des Judentums.

Der Wedding und das Judentum – eine Beziehung mit deutlichen Anlaufschwierigkeiten: Erst um 1900 konnte sich jüdisches Leben entfalten. Initiator dieses neuen, vom Glauben geprägten Lebens war der Religionsverein Ahawas Achim mit seiner Synagoge an der Prinzenallee 87, somit fast unmittelbar an der Kreuzung Badstraße und Prinzenallee. Hier pulsierte das Leben auf der Straße, in den Kneipen und Restaurants, in den Geschäften und auf den Märkten. Zu den Gründungsmitgliedern gehörten vor allem junge jüdische Kaufleute und Anwohner des Badstraßen-Kiezes. Bereits im Sommer 1900 organisierte der Verein für die Kinder Religionsunterricht in der Gemeindeschule in der Prinzenallee. Die jüdischen Jungen und Mädchen erhielten Unterricht vom Gemeinderabbiner. Als erster übernahm Rabbiner Dr. Pick diese wichtige Aufgabe. So lernten die jüdischen Kinder des Weddings die wichtigen Feiertage, die Geschichte und die Bräuche kennen. Die Erziehung der Kinder nach jüdischen Werten bildete die Grundlage für die weitere Entwicklung. In diesem Bereich konnte der Verein außerhalb der Gottesdienste und jüdischen Feiertage Einfluss durch eine bewusste, werteorientierte Erziehung nehmen. Später zog die Religionsschule in das imposante, ehrwürdige Lessing-Gymnasium an der Pankstraße. Im Jahr 1905 gehörten am Lessing-Gymnasium von 511 Schülern nur 38 dem jüdischen Glauben an, während beispielsweise am Wilhelms-Gymnasium – im wohlhabenden Tiergartenviertel gelegen – 250 der insgesamt 487 Schüler jüdisch waren. Jedoch nahm am Lessing-Gymnasium die Zahl der jüdischen Schüler sukzessive zu. Später, in den frühen 1930er Jahren, fand der Religionsunterricht am Dienstag

Abb. 25: Lessing-Gymnasium an der Pankstrasse, um 1930.

und Donnerstag von 15 bis 18:30 Uhr statt. Auch in anderen Schulen im Wedding gab es jüdische Kinder. In den 1930ern sollte sich die bis dahin unbeschwerte Freiheit und Leichtigkeit, mit der jüdische Kinder in Berlin aufwachsen konnten, stark einschränken. Am 25. April 1933 trat das „Gesetz gegen die Überfüllung deutscher Schulen und Hochschulen" in Kraft. Maximal fünf Prozent der Schüler einer höheren Schule durften „nicht-arischer" Herkunft sein. In diesem Jahr begann der Ausschluss jüdischer Lehrer aus dem Schulbetrieb und jüdischer Sportler aus Sport- und Turnvereinen. Daher zog der Religionsunterricht für die jüdischen Kinder des Lessing-Gymnasiums im Oktober 1934 in Räume des Jüdischen Krankenhauses an der Exerzierstraße. Dies sollte nur ein erster Schritt zur Separierung und Einschüchterung jüdischer Kinder sein. Der komplette Ausschluss der Schüler von staatlichen Schulen erfolgte nach den Novemberpogromen 1938 – ab Juni 1942 war sogar jeglicher Schulbesuch verboten. Was die Situation für die Kinder im Wedding und Gesundbrunnen jedoch erleichterte, war, dass Rabbiner Siegfried Alexander, selbst Vater von drei Kindern, sich, solange es ihm möglich war, um den Unterricht seiner Schüler kümmerte.

Zur jüdischen Identität der Kaiserzeit und Weimarer Republik gehörte, dass die Männer im Ersten Weltkrieg an der Waffe gekämpft und die Frauen sich als Krankenschwestern um Verwundete gekümmert hatten. So war es auch bei Rabbiner Siegfried Alexander. Daher konnte er sich mit den ehemaligen jüdischen Soldaten des Weddings über Erlebnisse im Krieg austauschen. Auch den jüdischen Familien, die im Ersten Weltkrieg den Vater oder Söhne verloren hatten, nahm er sich mit aufbauenden Gesprächen an. Besonders diesen jüdischen Bürgern fiel es in den 1930er Jahren schwer, die massiven Einschnitte und Beschneidungen ihres Lebens einzuordnen und die Gefahr zu verstehen. Es war nicht vorstellbar, dass das Land, dem sie gedient, zu dessen Wohlstand sie beigetragen und dessen Ansehen in Wissenschaft und Forschung sie mitgeprägt hatten, sie immer schlechter behandeln könnte. Die Verarbeitung der Erfahrungen des Ersten Weltkriegs und die Erinnerung an die „Heldentaten" der jüdischen Soldaten lagen Rabbiner Siegfried Alexander besonders am Herzen. Zweimal im Jahr, am Versöhnungstag und zu Pessach, verlas er bei der Seelenfeier die Namen der verstorbenen Mitglieder und die Namen der gut 20 gefallenen Soldaten seiner Gemeinde (*Der Schild*, 10.12.1937). Darüber hinaus organisierte er für die Mitglieder des Religionsvereins Ahawas Achim und interessierte Gäste abwechslungsreiche Vorträge in der Synagoge in der Prinzenallee 87. In erster Linie hielt Rabbiner Alexander selbst regelmäßig Lehrvorträge, meist am Samstag, zu unterschiedlichen religiösen Themen. Am 5. Mai 1936 hatte er drei Rabbiner der Berliner Misrachi-Gruppe in die kleine Synagoge in der Prinzenallee 87 eingeladen, um zum Thema „Palästina und Erez-Israel" zu sprechen. Auch 1938 gab es in der Synagoge noch Werbeveranstaltungen für eine Heimkehr nach Israel. Somit besuchten Mitglieder und Gäste die Synagoge nicht nur zu den Festtagen, sondern auch bei den zahlreichen Veranstaltungen.

Hebräisch bildete einen weiteren Teil der Identität, um das jüdische Schrifttum zu verstehen. Um 1910 gingen Erhebungen davon aus, dass die Hälfte der in Berlin lebenden jüdischen Kinder aufwachsen, ohne ein Wort Hebräisch zu können. Die Sprachvermittlung musste vielfach in den Familien und Vereinen oder bei Sprachkursen erfolgen. Die *Neue jüdische Presse* schrieb: „Da hebräisch in den städtischen Schulen nicht gelehrt werden darf, so wächst der größte Teil der jüdischen Jugend Berlins ohne Kenntnisse des Hebräischen auf" (07.10.1910). Bereits 1913 gab es im Verband jüdischer Jugendvereine Deutschlands die Forderung, dass sich die Verbandsvereine um die Vermittlung der hebräischen Sprache kümmern. Darüber hinaus organisierte beispielsweise die Berliner Zionistische

Vereinigung (BZV) Hebräisch-Kurse. Eine Ankündigung im November 1933 versprach im Wedding und Gesundbrunnen Hebräisch-Kurse. Die Kurse konnten von Jugendlichen und Erwachsenen besucht werden.

Zur Entwicklung jüdischer Identität trugen auch die Sportvereine bei. Nachdem die Teilnehmer des zweiten Zionistenkongresses 1898 die Weichen für jüdische Sportvereine gestellt hatten, bildeten sich innerhalb weniger Jahre zahlreiche Gymnastik- bzw. Turnvereine. Berlin wurde ein Zentrum für jüdische Sportmannschaften. In der *Jüdischen Turnzeitung* kündigte der Vorstand des J.T.V. Bar Kochba im Mai 1903 an, dass er für die Mitglieder in diesem Sommer die große Anlage des Sportplatzes Ecke Behm- und Bellermannstraße angemietet hatte – wenige Gehminuten nördlich vom Bahnhof Gesundbrunnen gelegen. Immer sonntags ab 16 Uhr mussten alle Abteilungen hier trainieren. Dazu gehörten beispielsweise verschiedene Ballspiel-Gruppen ebenso wie Tennis, Stabspringen und Laufen. Alle Mitglieder mussten zum sonntäglichen Training erscheinen. Somit strömten im Sommer 1903 aus sämtlichen Berliner Stadtteilen jüdische Sportler in den Gesundbrunnen – meist mit der Straßenbahn oder dem Zug.

Es fanden zahlreiche Sportwettkämpfe im Wedding statt: zunächst noch zwischen jüdischen und nichtjüdischen Mannschaften und später nur noch zwischen jüdischen Vereinen. Fußballspiele fanden oftmals auf dem Sportplatz Ecke Behm- und Bellermannstraße statt. So lieferten sich im Juni 1928 die erstklassige Mannschaft des Norden-Nord-West – einer der spielstärksten Vereine der Oberliga – und der jüdische Fußballklub von Hakoah ein bis zum Ende spannendes Spiel, was mit 7:0 eine schmerzliche Niederlage für Hakoah gewesen sein musste. Jedoch war laut Berichterstattung der Schiedsrichter an diesem Ergebnis nicht ganz unbeteiligt: „Der Hakoah-Sturm konnte sich mit dem durch vorangegangenen Regen aufgeweichten und glatten Boden nicht abfinden, und der Schiedsrichter tat ein Uebriges, indem er einige Abseitstore für N. N. W. anerkannte und andererseits einige Fouls der N. N. W.-Verteidigung übersah", so das *Israelitische Familienblatt* (28.06.1928).

In der Sportsaison 1935 fanden auf dem Platz von Norden-Nord-West einige der wichtigsten jüdischen Fußball- und Handballwettkämpfe der Saison statt. Es gab am 9. Juni um 16 Uhr auf dem Platz Ecke Behm- und Bellermannstraße ein Fußballspiel zwischen BSG 33 und SC Helios. Am nächsten Tag betraten um 16:30 Uhr die jüdischen Handballer das Feld: ITSC 05 und die Sportgruppe Wiesbaden trugen das Endspiel um die Handball-Reichsmeisterschaft des Reichsbunds jüdischer Frontsoldaten (RjF) aus. An diesem Junitag, ein brütend heißer Pfingstmontag, kamen nur wenige Zuschauer zu dem Wettkampf im Gesundbrunnen. Die robusten Berliner Spieler gewannen gegen die schmächtigen Wiesbadener mit 7:2 und holten sich den Titel Handballmeister des RjF. Wenige Tage später, am 16. Juni 1935, fand auf dem Platz das Vorschlussrundenspiel um die Reichsmeisterschaft zwischen der ersten Fußballmannschaft des Sportvereins Schild-Leipzig und dem Vorjahresmeister, der Berliner Sportgemeinschaft 1933, statt. Im August 1935 traten sieben Mannschaften von den jüdischen Vereinen Bar Kochba und Hakoah und BSG 33 gegeneinander an.

Nicht nur auf dem Platz, sondern auch im imposanten Stadtbad Wedding an der Gerichtstraße, nahe dem Nettelbeckplatz und Weddingplatz gelegen, konnten jüdische Sportvereine trainieren. In der jüdischen Tagespresse gab der jüdische Sportverein Bar Kochba – Hakoah Berlin im Jahr 1932 bekannt, dass es im Stadtbad Wedding immer mittwochs von 19:45 bis 21:15 Uhr Schwimmtraining gebe. Und ein viel beachteter Schwimmwettkampf, ein damals als Schwimmfest bezeichnetes Event, mit großer Beteiligung ausländischer Schwimmsportler, fand im Februar 1935 im Stadtbad Wedding statt. Zu den teilnehmenden renommierten Vereinen gehörten Hagibor-Prag (Tschechische Staatsmeister) und Vac-Budapest (Teilnahme an Europameisterschaften). Die *Jüdische Rundschau* kündigte am 15. Februar 1935 die Veranstaltung folgendermaßen an: „Die jüdischen Schwimmsportler Deutschlands werden eine Konkurrenz vorfinden, wie es ein jüdisches Schwimmfest in Deutschland bisher noch nicht gesehen hat." Die Wettkämpfe im Stadtbad Wedding fanden am Sonntag, den 24. Februar 1935, statt und begannen um 16 Uhr. Den Zuschauern wurden Wettkämpfe der Männer über u.a. 100 m Rücken, 400 m Kraulen, 200 m Brust oder auch dreimal 100 m Kraulen und der Frauen über 100 m Brust sowie der Mädchen über 50 m Brust geboten. Anschließend fanden ein Schauspringen und ein Wasserballspiel zwischen der Prager und einer Budapester Mannschaft statt. „Alles in allem ein musterhaftes Fest, durch dessen Veranstaltung der Makkabi dem gesamten jüdischen Schwimmsport einen großen Dienst geleistet hat", so das Urteil in der *Central-Verein-Zeitung* (28.02.1935). Und die *Jüdische Allgemeine Zeitung* resümierte: „Man hätte einer solchen Veranstaltung mehr Zuschauer gewünscht. Diejenigen, die dagewesen sind, werden ihr Kommen nicht bereut haben" (27.02.1935). Nahezu außergewöhnlich mutete dieser Sportsommer 1935 für den Wedding an, denn erstmals fanden im Arbeiterbezirk zahlreiche jüdische Sportwettkämpfe statt. Zugleich endete damit auch diese kurze, intensive Sportliaison.

Abb. 26: Herren-Schwimmhalle im Stadtbad Wedding, um 1910.

Für den Wedding und Gesundbrunnen sind künstlerische Arbeiten, die sich mit jüdischer Identität beschäftigen, sehr selten. Zu diesen Exotinnen gehört Frieda Mehler, geb. Sachs. Sie wurde am 20. Mai 1871 in Halberstadt geboren. Ihre Eltern waren Dr. Ludwig Sachs und Helene, geb. Rothmann. Nachdem der Vater bereits 1879 starb, gingen Mutter und Tochter nach Wongrowitz, ca. 50 km nördlich von Posen gelegen. Frieda heiratete als noch recht junge Frau am 4. Juni 1894 den Kaufmann Julius Mehler. Das Ehepaar zog von Wongrowitz erst nach Köln und dann nach Berlin, wo sie um 1905 eine Etagenwohnung im roten Backsteinhaushaus der Arnheims in der Badstraße 40 bezogen. Vor dem Haus fuhr die Straßenbahn die Badstraße entlang und hinter dem Haus lagen die verdreckte Panke und die Fabrikhallen der Tresorfabrik Arnheim. An trüben Tagen in den Wintermonaten war der Himmel vor lauter Rauchwolken nur noch zu erahnen. Überall in der Nachbarschaft wurde gebaut, belieferten Pferdewagen die Fabriken mit Rohstoffen und wenn es regnete, verwandelte der Schlamm die Straßen in schwarze, matschige Rutschbahnen. Hier hatte es niemand einfach.

Schnell erwarteten Julius und Frieda Mehler den ersten Nachwuchs. Am 4. Mai 1907 erblickte ihr Sohn Ludwig Jakob Mehler das Licht der Welt. Er wuchs als jüdischer Junge im Badstraßen-Kiez auf. Die kleine Familie Mehler gehörte zu den Mitgliedern im Religionsverein Ahawas Achim und besuchte die Synagoge in der Prinzenallee 87. Was zeichnete Frieda Mehler aus? Für den Lyriker Arthur Silbergleit war sie selbst noch mit 65 Jahren eine „Märchendichterin mit jugendlicher Seele" und eine „Legende der Güte", so Silbergleit in seinem Geburtstagsschreiben, veröffentlicht in den *Blättern des Verbandes Jüdischer Heimatvereine* im Juni 1936. „Wenn treue Hingabe an die erzieherischen Kräfte unseres Judentums eine erlauchte Art edlen Menschentums bleibt, dürfen wir die Dichterin als jüdischen

Menschen in der vollgültigen Bedeutung jedes dieser Worte feiern", so Silbergleit.

Frieda Mehler machte vom Gesundbrunnen aus Karriere, sie arbeitete als Autorin. Ihre Themen waren stets eng mit dem jüdischen Kalender und ihrem eigenen Lebensweg als jüdischer Mutter und aktives Gemeindemitglied verbunden. Als ihr Sohn wenige Jahre alt war, veröffentlichte sie Texte über die Feiertage des jüdischen Jahres, die in erster Linie einen erzieherischen Charakter hatten. So brachte sie 1910 das Heft „Ein Chanuka-Traum. Die Megilla" mit dem Untertitel „Aufführungen für Chanuka u. Purim" heraus. Es handelte sich um zwei Theaterstücke mit leicht verständlichen Versen, die Kindern viel Spaß bereiten sollten und – vielleicht auch vor dem Hintergrund der Armut im Wedding – weder Requisiten noch Kostüme erforderten. „Heute, wo unsere jüdische und moderne Jugendliteratur sozusagen noch in den Windeln liegt, begrüßen wir das Heft freudig als ein Symptom dafür, daß weiteste Kreise das Bedürfnis nach einer solchen Literatur anerkennen, und für jede Bemühung auf diesem Gebiete müssen wir dankbar sein", so eine Vorstellung im *Israelitischen Familienblatt* (24.11.1910). In der *Allgemeinen Zeitung des Judentums* klang die Kritik so: „Gegen Purim- und Chanukka-Spiele habe ich nichts einzuwenden. Doch müßte man dabei nach dem Grundsatz verfahren, daß für die Kinder gerade das Beste gut genug ist. Diesen Grundsatz hat die Verfasserin leider so wenig beachtet, daß es schade um das schön bedruckte Papier ist. Die Erfindung ist armselig, die Ausdrucksweise durchaus ungewandt und unpoetisch", so der Verfasser L.G. (25.11.1910). Frieda Mehler ließ sich nicht entmutigen und schrieb weiter. Sie verfasste auch Bühnenstücke, u.a. kurze Verse und künstlerische Beiträge für Veranstaltungen an Chanukka, beispielsweise vom Jüdischen Friedensbund. Neben Veröffentlichungen in Buchform oder Beiträgen in Tageszeitungen führten Laienschauspieler ihre Texte in großen Sälen,

Schulen, Kinderheimen sowie zahlreichen weiteren Einrichtungen für Kinder auf.

Bei Frieda Mehler konnten jüdische Familien für besondere Anlässe Texte in Auftrag geben. Im Jahr 1925 steht in einer Anzeige in der *Central-Verein-Zeitung*: „Festdichtung und Theateraufführungen, Frieda Mehler, Badstr 40." Solche Annoncen erschienen ebenfalls in der Zeitung *Die jüdische Frau*. Über viele Jahre blieb sie der Gattung Festtagsliteratur treu, 1930 erschien etwa die kleine Schrift „Unser Lichtefest" mit drei Texten über Chanukka-Aufführungen. „Wir haben zwar keinen Mangel an Chanukkahspielen und Gedichten, trotzdem freut man sich mit jeder Bereicherung dieser Literaturgattung. Hierzu gehören auch die vorliegenden Darbietungen, die dem kindlichen Fassungsvermögen angepaßt sind. Sogar ein Sprechchor ist enthalten", so eine Kurzvorschau im *Israelitischen Familienblatt* (27.11.1930).

Als Frieda Mehlers Sohn zum jungen Mann heranwuchs und ihr Ehemann Julius Mehler mit 72 Jahren am 11. Mai 1931 im Jüdischen Krankenhaus starb, entstanden sehr emotionale Texte, die vor allem für Frauen und Mütter gedacht waren. Zunächst erschien 1934 der Gedichtband „Vom Wege". Neben Gedichten zur Mutterschaft gibt es in diesem Buch auch sieben Gedichte, dem Leid und der Verfolgung von Juden gewidmet. In der jüdischen Tagespresse wurde oftmals auf die ersten Gedichte zu den Gedanken und Gefühlen einer Mutter eingegangen: „Sie sind allen jüdischen Frauen und Müttern gewidmet. Zarte, behutsame Verse, aus dem Born mütterlicher Weisheit hervorquellend, von Glück und Qual, von Sorge und Stolz erfüllt" (*Jüdisch-liberale Zeitung*, 28.08.1934). In der *Jüdischen Rundschau* schreibt der Rezensent Dr. T. S.: „Hätten wir noch die alte schöne Sitte der Stammbücher, so könnte man diese anspruchslosen, besinnlichen Verse manchen dieser jüdischen Frauen und Mütter ins Album schreiben" (06.11.1934). Johanna Meyer deutet in ihrer Buchbesprechung für die *Blätter des Jüdischen Frauenbundes* jedoch auch die Gedichte zur Judenverfolgung an, denn sie schreibt: „Gedichte des Mutterseins, des Frauentums, des Judenleids und des Judenstolzes, feiner Ironie, immer bejahender Lebensphilosophie erfüllen den schmalen Band, den man in viele Hände legen sollte" (Ausgabe 8, 1934). Ein Jahr später erschien das Kinder- und Jugendbuch „Feiertags-Märchen" mit zehn Märchen zu den jüdischen Feiertagen samt filigranen Handzeichnungen der Art-Déco-Künstlerin Dodo Bürgner und 1937 erneut ein Gedichtband mit dem Titel „Wir". In diesem Gedichtband ist ihr Hauptthema das Schicksal verlassener, liebender Mütter der älteren Generation und die Trauer darüber, dass die Kinder aus dem Haus sind. „Wir" erschien im Jüdischen Buchverlag Berthold Levy mit 31 Seiten. Damals war Frieda Mehler 66 Jahre alt. Der Journalist George Goetz schrieb im *Jüdischen Gemeindeblatt für die Synagogen-Gemeinde in Preußen/Norddeutschland* in der Ausgabe vom 1. Februar 1938, dass es sehr außergewöhnlich von Mehler sei, über das Schicksal der Mütter und Großmütter zu schreiben, „denn unsere Jugend ist unsere Hoffnung". Und Goetz weiter: „Herbststimmung atmen diese Blätter von Frieda Mehler; mancher wird finden, es sei fast zu sehr Resignation. Aber das wäre ein falsches Urteil, denn es überwiegt doch die allumfassende, warme, mütterliche Liebe und Stärke." Anschließend beschäftigte er sich mit der Frage nach dem Jüdischen in ihren Versen: „Sie erlebt ihr Frauen- und Mutterschicksal als Jüdin, sie erlebt ihr jüdisches Schicksal als Frau

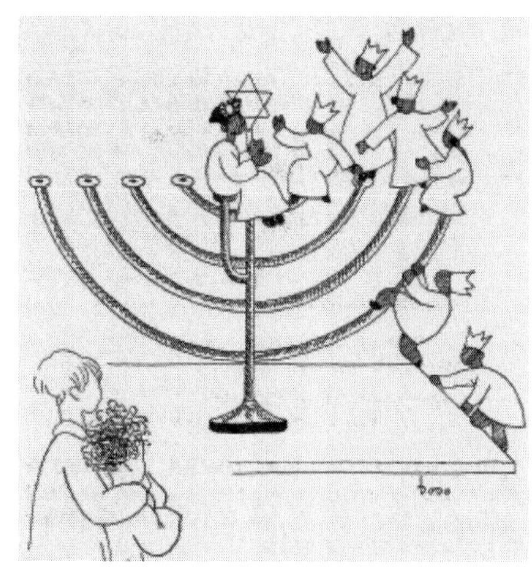

Abb. 27: Zeichnung Dodo Bürgner, 1935.

und Mutter. Das klingt beides überall ineinander, und nur ganz gelegentlich werden im engeren Sinne des Wortes jüdische Motive angeschlagen", so Goetz. Zu diesen herausragenden Gedichten sollte es Liedkompositionen geben, so die abschließende Empfehlung von George Goetz. In weiteren Aufsätzen beschäftigte sich Frieda Mehler mit der Loslösung des Kindes von der Mutter und umgekehrt. In einem Text ließ sie einen jungen Mann einen sehnsuchtsvollen Chanukka-Brief aus Afrika an seine Mutter schreiben. Darin beschrieb er den Trennungsschmerz und dass er zu Chanukka jede Kerze in Gedenken an seine Mutter entzünden würde.

Zeitgleich zu ihrer schriftstellerischen Tätigkeit bildete Fürsorge einen wichtigen Lebensbereich für die Autorin, womit sie jüdische Identität vorlebte. „Ich habe Grund zu der Vermutung, daß sie ihren Wohnsitz absichtlich in der Nähe des Jüdischen Krankenhauses wählte, so oft erschien und erscheint sie noch immer als gestaltgewordenes Märchen, Seelensamariterin mit dem Himmelstrost, den Wunderglaube andächtigen Naturen schenkt, an Krankenbetten", so Silbergleit 1936. Aber nicht nur im Krankenhaus wirkte sie. Die Wohnung der Mehlers diente in den 1920er Jahren als wichtiger Treffpunkt für die jüdischen Gemeindemitglieder des Weddings. Frieda Mehler engagierte sich in unterschiedlichen Frauen- und Fürsorge-Vereinen und organisierte Treffen. Sie machte sich u.a. für den 1924 gegründeten Jüdischen Frauenverein Wedding-Gesundbrunnen stark, deren Vorsitz sie viele Jahre innehatte. Als Teil des Jüdischen Frauenbunds ging es um gesellige Treffen jüdischer Frauen zur Pflege geistiger Interessen und um Fürsorge. So organisierte der Verein 1929 einen Vortragsabend zum Thema „Zionistische Idee und Palästina-Aufbau" – es sprach Rudi Nobel. Der Referent lieferte einen ausführlichen Bericht über Ziel, Arbeit und Schwierigkeiten der zionistischen Aufbauarbeit. Das überwiegend nicht zionistische

Publikum nutzte die Chance für eine spannende Diskussion über den Palästina-Aufbau.

Darüber hinaus konnten hilfsbedürftige Frauen und Kinder bei Frieda Mehler um Unterstützung bitten und sich dringend benötigte Kleidung aussuchen, denn in ihrer Wohnung befand sich die sogenannte Kleiderkammer. Der Frauenverein zählte 1926 circa 180 Mitglieder, betreute in demselben Jahr 250 Bedürftige und kleidete 150 bedürftige Kinder ein. Darüber hinaus kümmerte sich der Verein um Chanukkabescherungen. Zu den Mitgliedern gehörten viele Frauen der Badstraßen-Nachbarschaft wie Hertha Rosenbach, die Frau von Louis Rosenbach, und Adelheid Alexander, die Frau von Rabbiner Siegfried Alexander, aber auch jüdische Frauen aus der weiter entfernten Müllerstraße.

In den 1930er Jahren sollten nicht nur die Werke von Frieda Mehler eine neue Qualität bekommen, sondern sie weitete auch ihr Engagement im Bereich der Fürsorge aus. In ihrer Wohnung fand montags von 10 bis 12 Uhr eine Sprechstunde der Hausfrauen-Auskunftsstellen vom Jüdischen Frauenbund statt. Im Januar 1934 gründete sie die Frauengruppe des Liberalen Vereins der Bezirksgruppe Wedding-Reinickendorf. Erneut setzte sie sich für Frauen ein. Das erste Gruppentreffen fand am 14. Juni 1934 statt. Ihr Sohn Ludwig Mehler, inzwischen ausgebildeter Rabbiner, trat ebenfalls für die liberale Bewegung ein, hielt am 14. April 1934 eine seiner ersten Predigten in der liberalen Synagoge in der Schönhauser Allee 162, ging daraufhin nach Frankfurt am Main und anschließend nach Amsterdam, um als Rabbiner bei der „Liberalen Jüdischen Gemeinde“ zu wirken.

Abb. 28: Ludwig Jakob Mehler, Aufnahme 1930er Jahre.

Ein weiterer Einflussfaktor in Frieda Mehlers Denken und Handeln könnte der Arzt, Kommunist und Reformer Georg Benjamin gewesen sein – Bruder des Schriftstellers Walter Benjamin –, denn 1931 zog er in ihr Haus, Badstraße 40. Er wohnte dort bis 1933 und hatte seine Praxis in derselben Straße. Benjamins Interesse galt den armen und hilfsbedürftigen Kindern und Frauen. Seine KPD-Mitgliedschaft (Kommunistische Partei Deutschlands) führte jedoch 1933 zur Verhaftung und Ermordung am 26. August 1942 im Konzentrationslager Mauthausen.

Frieda Mehler führte in der Badstraße 40 über drei Jahrzehnte ein in vielerlei Hinsicht modernes, aufopferungsvolles und beispielgebendes jüdisches Leben als Mutter, aktives Gemeindemitglied und Autorin. Sie kämpfte für Reformen, war neuen Strömungen gegenüber aufgeschlossen und interessierte sich stets für ihre Mitmenschen. Jedoch schien es für sie in der zweiten Hälfte der 1930er Jahre in der Badstraße immer einsamer zu werden. Die einstige jüdische Gemeinschaft löste sich nach und nach auf, die Ausgrenzungen wurden extremer und die Zukunftsaussichten immer düsterer. Somit folgte sie 1939 ihrem Sohn in die Niederlande. Jedoch fielen auf diesen Neuanfang schnell dunkle Schatten, denn ab Januar 1941 mussten sich Juden in das Bevölkerungsregister eintragen und ab Mai 1942 den Davidstern tragen. Frieda Mehler kam ins Durchgangslager Westerbork, wo sie bis zum 29. Juni 1943 inhaftiert wurde. Von dort deportierte man sie ins Vernichtungslager Sobibor, ermordet wurde sie am 2. Juli 1943. Ihr Sohn war vom 20. Juni 1943 bis zum 11. Januar 1944 im Lager Westerbork inhaftiert und wurde anschließend nach Bergen-Belsen deportiert und dort am 10. April 1945 ermordet.

Auch die Künstlerin, Jüdin und Kommunistin Hilde B. Rubinstein fand im Roten Wedding für kurze Zeit eine neue Heimat ganz nach ihren Vorstellungen. „Übrigens bin ich Jüdin", mit diesem selbstbewussten Satz beendete Hilde B. Rubinstein ihren handschriftlichen Lebenslauf für die Aufnahme am Weimarer Bauhaus vom 11. Oktober 1922. Ende der 1920er Jahre heiratete sie Otto Weinreich, zog von Köln nach Berlin und trat in die KPD ein. 1930 erblickte ihre Tochter in Berlin das Licht der Welt. Hilde B. Rubinstein bezog eine ruhige Wohnung in der frisch errichteten Friedrich-Ebert-Siedlung: Müllerstraße 98g.

Abb. 29: Hilde B. Rubinstein, Der rote Kimono, 1930 (Selbstporträt).

Im April 1931 berichtete Hans Rosenkranz für die Leser der *Jüdischen Rundschau* unter dem Titel „Madonna vom Wedding“ von der Ankunft der Künstlerin im Wedding. „Ich glaube, daß Hilde B. Rubinstein eine große jüdische Malerin werden könnte“, so Rosenkranz. Jedoch fehle es noch an jüdischem Einfluss auf ihre Werke. Deshalb empfahl Rosenkranz der Künstlerin eine Reise nach Palästina, denn „[…] ich weiß, daß in ihren Bildern das Land unseres Volkes leben würde wie Frankreich in dem Werk van Goghs“, so Rosenkranz.

Rubinstein reiste nicht nach Palästina, sondern tauchte in die bunte Kunstszene Berlins ein. Bereits im Sommer 1931 hingen einige ihrer Kunstwerke in den ständigen Ausstellungsräumen der Deutschen Kunstgemeinschaft im Berliner Schloss. Im Kunstherbst 1931 zeigte die Deutsche Kunstausstellung eine kuratierte Sonderkollektion mit Arbeiten von Hilde B. Rubinstein: vor allem plastische, nuancenreiche Aquarelle und Ölbilder aus Paris. Auch bei der Großen Berliner Kunstausstellung hingen Arbeiten der Künstlerin. Die

Präsenz im Sommer und Herbst 1931 bei den Berliner Schauen befriedigte sie nicht wirklich, denn parallel dazu arbeitete die rastlose Künstlerin am Durchbruch als Bühnenautorin.

Für Ende 1931 war die Uraufführung ihres Werkes „Winterkrieg“ im Studio des Staatstheaters geplant, so ein Briefwechsel vom 30. Dezember 1931 zwischen ihr und dem Intendanten des Staatlichen Schauspielhauses Berlin, Ernst Legal. Daraus wurde jedoch nichts. Für sie öffnete sich allerdings eine neue Tür: Der renommierte Theaterkritiker Herbert Ihering interessierte sich für ihre Werke. An ihn schrieb sie am 11. Mai 1932 Folgendes: „Verzeihen Sie bitte meine Zweifel, aber es haben mir schon viele Persönlichkeiten feste Versprechungen in Bezug auf meine Arbeiten gemacht, ohne sie zu halten.“ Der Sommer und Herbst 1932 sollte für Rubinstein viele Überraschungen bereithalten. Endlich ging ein großer Wunsch in Erfüllung: An der Jungen Volksbühne begannen die Proben für die Uraufführung des Ehe-Dramas „Eigener Herd ist Goldes wert? Oder Nora 1932“ (ursprünglich: Es war einmal ein treuer Husar, 1930/31). Dafür nahm sie das Pseudonym Hilde B. Winrich an, wie sie es Ihering in einem Brief vom 23. November 1932 berichtete. Sie behauptete über die Dialoge ihres Stücks: „Die Arbeit ist im Gegenteil jetzt in politischer Hinsicht viel reifer geworden.“ Über die Aufführung berichtete Ihering in seiner Theaterkritik im *Berliner Börsen-Courier* (28.12.1932): „Begabung hat sie, starke, dichterische und phantasievolle Bühnenbegabungen, aber keine politische.“ Eine weitere Besprechung erschien am 29. Dezember 1932 im Feuilleton der *Roten Fahne* – der Zeitung der KPD. Das Publikum soll gelacht haben. Das Thema konnte in seiner künstlerischen Umsetzung wenig überzeugen, jedoch heißt es: „Es muß unterstrichen werden, daß die Verantwortung für die politischen Schwächen der Aufführung in erster Linie nicht die Autorin trifft, die eine starke Begabung besitzt, sondern die Leitung der Jungen Volksbühne.“ Ende 1933 wurde sie wegen ihrer KPD-Mitgliedschaft verhaftet und 1934 wegen „Vorbereitung zum Hochverrat“ zur Gefängnisstrafe verurteilt. Nach der Freilassung begann eine abenteuerliche Odyssee, an deren Ende sie eine neue Heimat in Stockholm fand.

Berlin hatte um 1900 eine reiche Vielfalt an jüdischen Vereinen. Bei den kleinen Heimatvereinen begegneten sich jüdische Bürger aus sämtlichen Stadtteilen. Auch organisierten jüdische Bewohner des Weddings, die Mitglied in einem Verein waren, Treffen in ihrer Wohnung wie Dr. Steinhart vom jüdischen Ruderclub Ivria-Berlin. Bei den großen Vereinen bildeten sich oftmals Untervereine, aufgeteilt in einen Nord-, Ost-, Süd- oder Westteil sowie in Bezirksgruppen. So entstand im Oktober 1911 die Ortsgruppe Rosenthaler-Vorstadt-Gesundbrunnen vom Neuen Jüdischen Gemeindeverein. Der Verein hatte 1913 insgesamt um die 1400 Mitglieder und drei Bezirksgruppen. Am ersten gemeinsamen Abend der Ortsgruppe Rosenthaler-Vorstadt-Gesundbrunnen hielt Dr. Klee einen Vortrag über „die Aufgaben der deutschen Judenheit in der Gegenwart“ und 30 neue Mitglieder traten bei, so berichtete es die *Neue Jüdische Presse* (10.11.1911). In den kommenden Monaten veranstaltete die Ortsgruppe Unterhaltungsabende mit Musik, Rezitationen und humoristischen Darbietungen. Es gab auch sehr ernsthafte Themenabende. Bei der Veranstaltung am 13. November 1911 ging es um das Dauerthema „Assimilation oder Erhaltung des Judentums“ und am 19. Dezember 1911 sprach Rabbiner Hörter über „soziale Gleichheit in Bibel und Talmud“.

Auch bei der Berliner Zionistischen Vereinigung gab es als Ausgründung die Gruppe Rosenthaler-Vorstadt-Gesundbrunnen. Die Mitglieder trafen sich laut Ankündigungen für drei Veranstaltungen im Februar 1919 u. a. im Restaurant bzw. der Brauerei Oswald Berliner in der Brunnenstraße 140. Bei einer Versammlung war das Thema „Der jüdische Nationalfonds und seine Aufgabe beim Aufbau

Palästinas" und bei einer weiteren „Kulturaufgaben im neuen Palästina". Stets waren Gäste aus allen Stadtteilen willkommen, so die *Jüdische Rundschau* (11.02.1919).

Mit zu den größten neuen Strömungen gehörte die liberale Bewegung. Sie hatte ihren Ursprung im Europa des frühen 19. Jahrhunderts. Zu den zentralen Punkten der Vertreter der liberalen Bewegung zählte, dass Gottesdienste in Hebräisch und der jeweiligen Landessprache stattfinden sollten, dass Musikinstrumente während der Liturgie zum Einsatz kommen durften und dass Gleichberechtigung von Mann und Frau in allen religiösen Angelegenheiten herrsche. Religiöse Gebote wurden zwar nicht aufgehoben, ihre Umsetzung und Beachtung überließ die liberale Bewegung jedoch dem Einzelnen.

Im Wedding arbeitete ab 1889 einer der ersten Berliner Vertreter der liberalen Bewegung. Wilhelm Plonsker (geb. 21.08.1862, gest. 10.06.1931) hatte in Berlin und Leipzig Recht studiert und im November 1888 die große Staatsprüfung bestanden. Im Februar 1889 ließ er sich als Rechtsanwalt im Gesundbrunnen an der Adresse Badstraße 54 mit seinem Büro nieder – „als erster Anwalt in dieser damals arg abgelegenen Gegend", so die *Jüdisch-liberale Zeitung* (24.06.1931). Im Berliner Adressbuch 1910 und auch 1925 ist seine Büro-Adresse Badstraße 60. Er war während des Ersten Weltkriegs Vorsitzender der Vereinigung für das liberale Judentum in Deutschland, im Liberalen Verein für die Interessen der Jüdischen Gemeinde zu Berlin und hielt zahlreiche Vorträge auf kleinen und großen Veranstaltungen, denn die liberale Bewegung stieß anfangs noch auf großen Widerstand. „Man darf ohne jedes übertreibende Lob, das Wilhelm Plonsker am wenigsten hören möchte, der Wahrheit gemäß aussprechen, daß er eine Schule liberaler Kämpfer und Arbeiter gebildet hat, und das[s] sein Beispiel der Vornehmheit, der Zurückhaltung und Selbstbescheidung, seine Aufopferung für die Sache und seine unbedingte Zuverlässigkeit die Sympathie für das liberale

Judentum wesentlich gestärkt und manchen schwer errungenen Erfolg erst ermöglicht haben", so ein Auszug der Glückwünsche zum 60. Geburtstag – veröffentlicht in der *Jüdisch-liberalen Zeitung* (18.08.1922). Nach vielen Jahrzehnten der großen Kämpfe kristallisierte sich in den 1920er Jahren eine breitere Akzeptanz heraus, sodass die Liberale Partei bei den Wahlen am 30. November 1930 zur Repräsentantenversammlung der Berliner Jüdischen Gemeinde siegte. Jedoch waren nicht alle Teile Berlins von der liberalen Bewegung entzündet. „In den von Juden dünnbesiedelten Bezirken des äußeren Nordens, Bezirksämter Wedding und Reinickendorf, halten die Liberalen der Gesamtheit der anderen Parteien gerade die Waage. Alle anderen Stadtgegenden haben ausgesprochene liberale Mehrheiten", so Walter Breslauer zu den Wahlergebnissen von 1930. Es setzte eine intensive Propaganda der Mitglieder der Liberalen Partei im Wedding ein. Sie konnten in kürzester Zeit deutliche Erfolge verbuchen. Bereits innerhalb weniger Monate gelang es, die Bezirksgruppe Wedding-Reinickendorf zu gründen. Die Leitung übernahm ein erfahrenes Mitglied der Jüdischen Gemeinde: Eitel Rockmacher. Er war langjähriger Beamter der Jüdischen Gemeinde, Vorsitzender des Vereins der Beamten und Angestellten der Jüdischen Gemeinde und gehörte seit 1931 der Repräsentantenversammlung der Berliner Jüdischen Gemeinde als Mitglied der liberalen Fraktion an. Die Vereinsgründung bildete die Grundlage für zukünftige liberale Gottesdienste im Wedding. Der erste fand am 27. Dezember 1932 in der Aula der Volksschule Ofener Straße 6/7 statt. Dieser Nachmittag war für die Kinder. Es wurden Chanukka-Lieder gesungen, die Kerzen angezündet und es wurde über die Bedeutung des Chanukkafests gesprochen. „Den glühenden Gesichtern der Kinder sah man die Freude über den frohen Nachmittag an", so die *Jüdisch-liberale Zeitung* (15.01.1933). Und in den Abendstunden versammelten sich die erwachsenen Mitglieder zu diesem ersten Chanukkafest samt

Vertretern des Gemeindevorstands, der Repräsentanz und des Vorstands der Liberalen Synagoge Berlin. Von nun an strebte die Bezirksgruppe regelmäßige Freitagabend-Gottesdienste an.

Zu den Mitgliedern der Bezirksgruppe und dem Liberalen Verein gehörte der Sohn von Frieda Mehler, Jakob Mehler. Er hielt als Rabbiner-Kandidat unter anderem am 10. März 1933 in der Aula in der Ofener Straße eine Predigt – ebenso an anderen Orten. In der Ofener Straße 6 fanden 1933 in unregelmäßigen Abständen liberale Gottesdienste statt. Erst 1934 sollte sich eine größere Kontinuität entwickeln, denn der Bezirksgruppe Wedding-Reinickendorf gelang es, Räume im damaligen Restaurant/Café Zum Steinacker an der Ecke Seestraße 44 und Müllerstraße als Veranstaltungsort zu gewinnen. Am 20. Januar 1934 gab es einen Vortrag zu „Der jüdische Mittelstand im neuen Deutschland“, und am 23. Januar 1934 sprach der Journalist George Goetz über „Zukunftswege der deutschen Juden“, was über 100 Gäste hörten. An diesem Vereinsabend teilte Frieda Mehler die erste Ausgründung mit. Sie gründete die liberale Frauengruppe Wedding-Reinickendorf. Die Frauen trafen sich u.a. am 14. Juni 1934 zu einem Vortrag von Dr. Gutmann, der sich dem Thema „Wie liest ein Religiös-Liberaler die Bibel?“ widmete. Der erste liberale Gottesdienst im Restaurant Zum Steinacker fand am 2. Februar 1934 statt und rief eine allgemein große Freude hervor. Zur nächsten Vereinsversammlung am 20. Februar 1934 kamen circa 150 Mitglieder. Eitel Rockmacher gab seinen Rücktritt als Vorsitzender der Bezirksgruppe bekannt. Gleichzeitig kündigte er regelmäßige Freitagabend-Gottesdienste, monatliche Vereinsabende und sogar einen Sederabend, organisiert vom Synagogenverein Liberale Synagoge Wedding-Reinickendorf, im Wedding an. Die Mitglieder blickten optimistisch in die Zukunft. Die Liberale Synagoge Wedding-Reinickendorf organisierte nun regelmäßige Gottesdienste mit wechselnden Predigern und der Liberale Verein kümmerte sich um den Zusammenhalt der Mitglieder.

Der Bezirksgruppe gelang es, den langjährigen Chefredakteur der *Jüdisch-Liberalen Zeitung* und Vertreter der liberalen Bewegung Bruno Woyda zu einem Vortrag einzuladen. Woyda sollte zum Thema „Zukunftsaufgaben jüdischer Gemeindepolitik" sprechen. Dies zog weite Kreise an: den Vorsitzenden des Liberalen Vereins, den Vorsitzenden der Bezirksgruppe Wedding des Reichsbunds jüdischer Frontsoldaten samt einigen Mitgliedern sowie den Leiter der Gruppe Wedding des Bundes deutsch-jüdischer Jugend. Woyda behandelte folgende Themen: Aufgaben der Gemeindepolitik, Berufsumschichtung und die Anzahl der Auswanderer. „Das Entscheidende sah der Redner in der Fortdauer der deutsch-jüdischen Führung in der Gemeinde. Er sprach die Hoffnung aus, daß nach Ablauf dieser Zeit sich die Erkenntnis durchgesetzt habe, daß etwas Wahres an dem Deutschtum der Juden sein müsse, wenn sie ihm in dieser schweren Zeit die Treue halten", so der Berichterstatter in der *Jüdisch-liberalen Zeitung* (12.06.1934). Für seine Ansichten gab es großen Beifall im Saal. Weitere kurze Wortmeldungen bekannten sich zu einer deutsch-jüdischen Zukunft. Im Sommer 1934 fanden weiterhin regelmäßige Gottesdienste der Liberalen Synagoge Wedding-Reinickendorf in der Seestraße 44 statt – auch zu Jom Kippur am 18. September 1934.

Zum Auftakt der Winterarbeit des Liberalen Vereins sprach der Redner Norbert Wollheim im November 1934 im Restaurant Zum Steinacker über die liberale Jugendbewegung. Die Zukunft des deutschen Judentums hänge von der jüngeren Generation ab, so Wollheim. „Der größte Teil der Juden werden hier bleiben können und müssen, wenn er den Weg zu sich selbst findet. Er wird hier leben können, wenn er sich vollkommen umstelle", so soll sich Wollheim laut *Jüdische Allgemeine Zeitung* (21.11.1934) über die Zukunft geäußert haben. Und dafür gab es großen Beifall.

Von Januar bis August 1935 fand der liberale Gottesdienst wieder an einem anderen Ort statt: im Jüdischen Altersheim. Am 23. August 1935 begann abermals eine neue Epoche, denn die Bezirksgruppe der Liberalen Synagoge Wedding-Reinickendorf weihte eine weitere Betstätte ein. Davon berichtete die *Jüdische Allgemeine Zeitung* am 28. August 1935 auf ihrer Titelseite. Sie befand sich in der Triftstraße 63 (Schreibers Festsäle). „Die neue Betstätte, die einzige liberale des ganzen Bezirks, soll ein Zentrum für diejenigen werden, die durch ihre Einstellung wie durch die Notwendigkeit des Lebens dahingeführt sind, neue Wege gottesdienstlicher Betätigung und des religiösen Lebens zu suchen", so der Bericht. An diesem Abend ging es um den weiteren Aufbau und Ausbau der liberalen Gemeinde. Abschließend hieß es: „Die große Zahl der Besucher brachte den Beweis, wie stark die Sehnsucht und das Bedürfnis nach einem solchen liberalen Gottesdienst in dieser Stadtgegend ist." Es gab Gottesdienste und Vorträge. Am 30. April 1936 sprachen Dr. Ernst Marcus und Dr. David Schloßberg im Rahmen einer Veranstaltungsreihe der Berliner Zionistischen Vereinigung über „Unser Kampf um Volk und Land". Die letzten nachweisbaren Gottesdienste fanden im Sommer 1936 in der Triftstraße statt.

Das jüdische Leben im Wedding und Gesundbrunnen begann sich um 1900 nur zaghaft zu entfalten; so gab es erst in den 1910er und 1920er Jahren verstärkt Lesungen und Vorträge für ein jüdisches bzw. interessiertes Publikum. Der Wedding war die Hochburg der Sozialdemokratischen Partei und der Arbeiterklasse. Insofern fanden auch viele Juden, die in den Fabriken und kleinen Werkstätten arbeiteten, außerhalb jüdischer Vereine im geistigen Umfeld der Arbeiterbewegung eine neue Identität. Die 1930er Jahre sollten für die jüdischen Bewohner des Weddings eine Zeit der Gegensätze sein, denn während der ältere jüdische Badstraßen-Kiez mit seiner konservativen Ausrichtung immer weniger Mitglieder zählte, gelang es der liberalen Bewegung sowohl Juden nahe der Seestraße und Müllerstraße als auch aus dem Badstraßen-Kiez zu vereinigen, neue Impulse zu geben und somit maßgeblich zur Stärkung des Gemeinschaftsgefühls beizutragen. Der hier noch 1934 und 1935 verbreitete Optimismus einer deutsch-jüdischen Zukunft sollte sich jedoch als schmerzvoller Irrtum herausstellen.

IV.
Vier Rabbiner

Vom 10. November 1899 bis zum 15. Dezember 1939 existierte der private Religionsverein Ahawas Achim. In seiner Historie gab es unterschiedliche Bezeichnungen: „Religionsverein Ahawas Achim“ (1910), „Israelitischer Religionsverein Gesundbrunnen, Ahawas Achim“ (1910), „Synagogenverein Gesundbrunnen Ahawas Achim, Berlin E.V.“ (1925), „Synagogen-Verein Ahavas Achim“ (1929) oder auch nur „Religionsverein Gesundbrunnen“ oder nur „Ahawas Achim“. Über die vier Jahrzehnte befand sich die Synagoge ab September 1900 in der Prinzenallee 87 und vier Rabbiner waren für den Verein tätig.

Klein und bescheiden waren die Anfänge. Nach der Vereinsgründung richteten die Mitglieder ein Gartenhäuschen in der Badstraße so her, dass es am ersten Abend des Chanukkafestes, am 26. November 1899, von Rabbiner Dr. Hörter im Beisein der Vereinsmitglieder als Synagoge eingeweiht wurde. In dem kleinen Bethaus konnten sich die Mitglieder zu Schabbat und an den Wochentagen zur Andacht einfinden.

In den ersten elf Jahren wirkte Dr. Ludwig Pick (geb. 27.09.1843, gest. 29.05.1937) als Vereinsrabbiner. Er wuchs als Sohn einer alten Rabbinerfamilie in der ungarischen Donau-Stadt Komorn auf, besuchte das Gymnasium und studierte anschließend an den jüdischen Hochschulen in Eisenstadt und Bratislava Philosophie sowie den Talmud. Ludwig Pick setzte sein Studium in Prag, Heidelberg und Berlin fort. Anschließend war er als Rabbiner und Lehrer in verschiedenen Gemeinden tätig und unter anderem Mitglied im Verein für jüdische Geschichte und Literatur in Deutschland. Die Verbindung aus einem Philosophie- und Talmudstudium war etwas Besonderes. „Er verstand es, durch seine lehrreichen Vorträge in den Herzen der

Jugend warme Begeisterung und Liebe für das Judentum zu pflanzen“, so eine Beschreibung seines Wesens im *Israelitischen Familienblatt* (31.08.1933). Wie die Verbindung zum neu gegründeten Religionsverein Ahawas Achim entstand, ist leider nicht bekannt, nur, dass er 1899 noch in Königsberg als Rabbiner tätig war sowie in Berliner Vororten als Religionslehrer. In Berlin zählten zu seinem Kreis Rabbiner Dr. Frankl und Dr. Gustav Karpeles, der unter anderem Vorsitzender des Vereins für jüdische Geschichte und Literatur war.

In den ersten beiden Jahren hatte Rabbiner Pick einen sehr weiten Weg bis zur Synagoge im Gesundbrunnen, denn im Jahr 1900 war seine Adresse die Stubenrauchstraße in Schöneberg bzw. Friedenau, was damals zu den neuen, eleganten Vororten gehörte. Rabbiner Pick hatte zu dieser Zeit bereits das Alter von 57 Jahren erreicht. Er war ein vielbeschäftigter Mann und wirkte nicht nur in der Gemeinde, sondern hielt auch Vorträge und veröffentlichte Bücher sowie Aufsätze. Im *Berliner Adressbuch* von 1902 ist als neue Wohnanschrift die Oranienburger Straße 54 angegeben. Somit verlegte er seinen Lebensmittelpunkt mitten ins pulsierende jüdische Viertel. Von dort gab es schnelle Verbindungen, beispielsweise mit der Straßenbahn die Chausseestraße hinauf und dann weiter zur Badstraße in den Gesundbrunnen.

Erstmals wurde Rabbiner Dr. Pick im Zusammenhang mit dem Religionsverein Ahawas Achim in einem Zeitungsbericht des *Gemeindeboten* vom 9. März 1900 erwähnt. Darin heißt es: „Am verflossenen Sabbath Schekalim hielt Herr Rabbiner Dr. Pick-Schöneberg im neuen Bethause am Gesundbrunnen vor den zahlreich erschienenen Herren und Damen die Predigt, in welcher er unter Zugrundelegung des Textwortes ‚Daß das Stiftzelt ein Ganzes sei‘ ausführt, wie nothwendig gerade jetzt der feste Zusammenschluß aller Parteien im Judenthume und wie verdienstlich seitens des neuen Vereins Ahawas-Achim es sei, mit der neuerrichteten Stätte für Andacht und

Belehrung zur Stärkung des einheitlichen religiösen Bewußtseins und zur Förderung der allgemeinen Ziele das seine beitragen zu wollen." Das religiöse Leben der Mitglieder entfaltete sich an Schabbat, unter der Woche und an den jüdischen Festtagen. Der Artikel berichtete auch von den Plänen für eine Religionsschule. Rabbiner Pick blieb fortan für den Verein Ahawas Achim tätig. Im nächsten Zeitungsartikel vom 27. August 1900 wurde schon davon berichtet, dass zum nun täglichen Gottesdienst zahlende Mitglieder die regelmäßigen Besucher seien, dass in der Prinzenallee 87 ein neues Bethaus im Entstehen sei und seit Juni 1900 der Rabbiner in der städtischen Gemeindeschule an der Prinzenallee Religionsunterricht gebe. Somit nahmen die Aufgaben des Rabbiners für den Privatverein Ahawas Achim schnell zu. Den nächsten größeren Schritt machte der Verein bei der Einweihung des neuen, aber ebenfalls noch bescheidenen Bethauses auf dem Hof Prinzenallee 87 am 20. September 1900. Bei diesem Anlass hielt Rabbiner Pick die Ansprache und Weiherede, die Thorarollen wurden hereingebracht und das ewige Licht wurde entzündet.

Dem kleinen Verein mit nur wenigen, oftmals auch mittelosen Mitgliedern ging es in dieser Anfangszeit finanziell sehr schlecht. Er erhielt von der Jüdischen Gemeinde zunächst 850 Mark jährlich und stellte zahlreiche Anträge auf zusätzliche Unterstützung wie für den Bau der ersten Synagoge. So bewilligte die Repräsentantenversammlung bei ihren Sitzungen 1900 und 1901 die Einmalzahlung über 600 Mark für den Neubau eines Bethauses und über 1500 Mark unter der Bedingung, dass „nach Aufhören des Vereins dem Gemeindevorstand das Eigenthumsrecht an den Gegenständen des Vereins zustehen soll", so *Der Gemeindebote* (20.12.1901). Für das Jahr 1903/04 erhielt der Verein eine Subvention in Höhe von 2000 Mark und zur Tilgung seiner Schulden eine einmalige Unterstützung von 500 Mark, so die *Jüdische Rundschau* (15.05.1903). Ein Großteil waren

Personalkosten für Rabbiner Pick, denn er bekam für seine Tätigkeit als Prediger und Religionslehrer ein Gehalt von jährlich 1400 Mark. Zum Vergleich: Ein Arbeiter verdiente um 1900 jährlich durchschnittlich 850 Mark. Die Jüdische Gemeinde prüfte die Höhe des Rabbinergehalts, denn einige Mitglieder hielten es für zu hoch. Jedoch wurde festgestellt, dass das Gehalt für eine Privatgemeinde angemessen sei. Somit standen die Aktivitäten des Rabbiners und auch des Privatvereins Ahawas Achim im Fokus der Jüdischen Gemeinde.

Der kleine Privatverein – mit 40 Mitgliedern und 20 Kindern im Jahr 1903 – gehörte zum Verband der Synagogenvereine von Berlin und den Vororten. Dieser organisierte am 22. November 1905 einen Trauergottesdienst, an dem alle Vereine teilnahmen. So hielt Rabbiner Pick in der Synagoge einen Gottesdienst zum Gedenken an die ermordeten russischen Glaubensgenossen. Nur wenige Gehminuten von der Synagoge in der Prinzenallee 87 entfernt, hatte 1902 Berlins drittes Jüdisches Altersheim mit eigener Synagoge eröffnet. Ob Rabbiner Pick in diesem Wohnsitz für bedürftige Senioren wirkte, kann nicht belegt werden.

Der Verein Ahawas Achim gewann in den ersten zehn Jahren immer mehr Mitglieder und bezog 1910 eine neu errichtete Synagoge. Sie bot Platz für 250 bis 300 Personen und war somit einer vielversprechenden und hoffnungsfrohen Zukunft zugewandt. Am 4. Dezember 1910 fand die Einweihung statt. Mit Stolz konnten Rabbiner Pick und die Vorstandsmitglieder auf ihr Werk blicken – eine bis auf den letzten Platz gefüllte Synagoge in einer der ärmsten Gegenden Berlins. Rabbiner Pick sollten noch viele Jahrzehnte vergönnt sein, um die Entwicklung seiner Saat mitzubekommen, denn er blieb bis an sein Lebensende am 29. Mai 1937 ein fester Bestandteil der jüdischen Community in Berlin.

Im November 1911 wählten die Vereinsmitglieder als neuen Rabbiner den 33-jährigen Dr. Jacob Sänger (geb. 24.06.1878, gest.

25.06.1938). Er stammte von einer Rabbinerfamilie aus Bingen ab und übernahm in sechster Generation den Beruf des Rabbiners. Nach dem Studium in Berlin und Würzburg absolvierte er das Rabbinerseminar in Berlin. Der Religionsverein Ahawas Achim sollte seine erste Wirkstätte als Rabbiner und Religionsschulleiter sein. Im *Berliner Adressbuch* 1910 ist seine Wohnanschrift zunächst die Schönhauser Allee 188A und ab 1912 eine Anschrift im Gesundbrunnen in der Koloniestraße 5, somit nur wenige Gehminuten von der Synagoge in der Prinzenallee 87 entfernt. Ungewöhnlich ist die zusätzliche Angabe im *Adressbuch* von 1914 mit „Dienstag und Freitag zehn bis elf" – vermutlich handelte es sich um Sprechzeiten bei seiner Privatanschrift. Letztmals erschien Rabbiner Sänger mit dieser Adresse im *Berliner Adressbuch* von 1917.

Bevor Rabbiner Sänger seine Aufgaben beim Verein Ahawas Achim übernahm, wirkte er mehrere Jahre als Religionslehrer in der Jüdischen Gemeinde Berlin. Somit brachte er wertvolle Erfahrungen in der Erziehung und Unterrichtung von Kindern mit. Für viele Vereinsmitglieder bedeutete seine Amtsübernahme eine Art Generationenwechsel, der mit hoffnungsvollen Plänen verbunden war. Der Verein hatte nun auch ein Harmonium, suchte einen musikalisch gebildeten Kantor und der Religionsunterricht erfreute sich einer zunehmenden Teilnehmerzahl. Der Rabbiner fand eine erfüllende Aufgabe sowie eine wachsende Gemeinde im Gesundbrunnen und Wedding, die ihn brauchte. Laut einer Ankündigung im *Berliner Tageblatt* hielt Rabbiner Sänger zum Pessachfest am Dienstag, dem 22. April 1913, um zehn Uhr seine Festpredigt in der Synagoge Prinzenallee 87. Darüber hinaus gab es Gottesdienste am Montag- und Dienstagabend sowie Dienstag- und Mittwochmorgen um neun Uhr. Somit ging das Pessachfest, wie es traditionell üblich ist, auch für die Mitglieder des Vereins Ahawas Achim über mehrere Tage.

Das Engagement für den Verein Ahawas Achim sollte kein dauerhaftes sein, denn Rabbiner Sänger ging als Feldgeistlicher in den Ersten Weltkrieg. Im Juli 1915 berichtete *Der Gemeindebote* Folgendes: „Dr. Jacob Sänger, Rabbiner des Israelitischen Religionsvereins ‚Ahawas Achim', ist seit einiger Zeit als Feldgeistlicher in die Armee Mackensen in Galizien eingestellt." Laut dem Beschluss der Berliner Repräsentantenversammlung im September 1916 erhielt der Verein Ahawas Achim die Subvention von 8700 Mark weiter und „außerdem einen Betrag zur Weiterzahlung einer Vergütung an einen zum Heeresdienst einberufenen Beamten", so das *Israelitische Familienblatt* (28.09.1916). Auch andere Vereinsmitglieder meldeten sich zum Kriegsdienst. Nicht alle kamen vom Schlachtfeld zurück. Von 1914 bis 1918 schickte der deutsche Kaiser 13,3 Millionen Offiziere und Soldaten in den Ersten Weltkrieg. Dazu gehörten auch 96 000 Juden, wovon zwölf Prozent sich freiwillig meldeten. Für sie gab es eine jüdische Militärseelsorge in Form von Feldrabbinern und Feldhilfsrabbinern für Gottesdienste, Gefangenenseelsorge und Religionsunterricht sowie weitere Aufgaben. Rabbiner Sänger erhielt für seine Verdienste als Feldrabbiner das Eiserne Kreuz zweiter Klasse.

Abb. 30: Rabbiner Jacob Sänger in der Mitte, um 1915/16.

Für die Vereinsmitglieder im Wedding bedeutete der Erste Weltkrieg eine schwierige, entbehrungsreiche und ungewisse Zeit. Als Vertretung für Rabbiner Sänger sprangen der Gemeinde-Bibliothekar

Dr. Eugen Pessen und der Schriftsteller Albert Katz, der sehr schöne religiöse Ansprachen hielt, ein. Beide konnten einen Vereinsrabbiner nicht ersetzen. Im November 1918, unmittelbar am Ende des Ersten Weltkrieges, wurde Rabbiner Sänger nach Breslau an die Neue Synagoge berufen, wo er viele Jahre wirkte, sich im Reichsbund jüdischer Frontsoldaten (RjF) engagierte und im Religiös-Liberalen Verein tätig war. Er starb am 25. Juni 1938 im Alter von nur 60 Jahren nach einjähriger Krankheit, so die *Central-Verein-Zeitung* (30.06.1938).

Dann, im Mai 1920, wählten die Mitglieder des Religionsvereins Ahawas Achim Rabbiner Dr. Arthur Rosenthal (geb. 1885, gest. 1951) zum neuen Rabbiner und Religionslehrer. Herr Rosenthal, geboren in Köthen (Anhalt), wuchs in Rogasen, Stargard und Berlin als Sohn des berühmten Rabbiners Dr. Ludwig August Rosenthal (geb. 19.05.1855, gest. 27.08.1928) auf. Sein Vater kam 1907 nach Berlin, wirkte hier ab dem 6. September 1907 als Prediger und Religionsschuldirektor im Religionsverein Oranienburger Vorstadt (Ohel Jizchak), gab das *Jüdische Literaturblatt* 1903/07 und 1911/16 heraus, unterrichtete an der Hochschule für die Wissenschaft des Judentums und war ein berühmter Talmud-Forscher. Der Bruder von Arthur Rosenthal, der hoffnungsvolle Kunsthistoriker Max Rosenthal, fiel im Ersten Weltkrieg am 20. Oktober 1915 mit nur 24 Jahren. Arthur Rosenthal verfasste bereits als Jugendlicher aufbauende und religiöse Verse sowie Festtagsdichtung zum Laubhüttenfest 1907, die

ABB. 31: RABBINER ARTHUR ROSENTHAL MIT SEINER FRAU ILMA, UM 1939.

beispielsweise im *Israelitischen Familienblatt* veröffentlicht wurde. Er studierte in Berlin und Heidelberg und legte 1915 sein Rabbinatsexamen ab.

Rabbiner Rosenthal wurde nicht in den Ersten Weltkrieg eingezogen, sondern hielt in der Neuen Synagoge in der Oranienburger Straße Gottesdienste. Im Juli 1918 wurde er zum Rabbiner und Gemeindelehrer von Rybnik in Oberschlesien gewählt. Diese Aufgabe nahm er an und zog von Berlin nach Rybnik. Neben seinen Aufgaben als Rabbiner engagierte er sich als Vorstandsvorsitzender im hiesigen Verein für jüdische Geschichte und Literatur in Deutschland. Er betreute die Vereins-Bibliothek mit ca. 200 Büchern. Rabbiner Rosenthal setzte auch neue Impulse, indem er den Neutralen Jüdischen Jugendbund mit einer angegliederten Kindergruppe gründete – mit insgesamt 85 Mitgliedern.

Bereits nach weniger als zwei Jahren kam Rabbiner Rosenthal mit neuen Erfahrungen und Eindrücken in der Gemeinde- und Jugendarbeit im Sommer 1920 nach Berlin zurück. Im Gesundbrunnen erwartete ihn viel Arbeit, denn die Vereinsmitglieder hatten gut fünf Jahre lang keinen persönlichen Ansprechpartner und Rabbiner gehabt.

Über seine Zeit als Vereinsrabbiner im Gesundbrunnen ist kaum etwas bekannt. Er war erst wenige Monate im Amt und veröffentlichte bereits im April 1921 in den *Mitteilungen der Arbeitsgemeinschaft Jüdisch-Liberaler Jugendvereine Deutschland* einen Artikel über den Liberalismus. Darin schrieb Rabbiner Rosenthal: „Wieder einmal sei es allen ans Herz gelegt: Liberalismus ist kein Bolschewismus. Liberalismus ist nicht Verneinung oder Zerstörung, sondern Bejahung und Aufbau." Auch in der Welt der Fabrikarbeiter, die zweifelsohne das Leben der jüdischen und vor allem der nichtjüdischen Menschen im Gesundbrunnen und Wedding prägte (im Juni 1925 waren 57 Prozent der Einwohner Arbeiter), wollte Rabbiner Rosenthal neue

Akzente setzen. In einem weiteren Aufsatz schilderte er, wie ein Fabrikbesitzer prüfen lässt, ob die Arbeit nicht von Montag bis Freitag geschafft werden kann, damit die jüdischen Arbeiter den Schabbat nach den Regeln feiern können. Seinerzeit gehörte das Arbeiten in den Fabriken am Samstag zur Normalität. Tatsächlich fand sich eine Lösung für die Arbeiter, so zumindest in seinen Schilderungen. Demnach handelte der Fabrikbesitzer so: „Das lasse sich so regeln, daß die Arbeitsstunden des Sonnabend[s] der bisherigen Arbeitsleistung von Montag bis Freitag zuaddiert würde. Als ich meinen Leuten diese Eröffnung machte – fuhr der Fabrikbesitzer fort – waren sie so begeistert von meiner Idee, daß sie einmütig ihre Zustimmung gaben. Die Fabrik wird anderthalb Stunden vor Beginn des Sabbaths geschlossen" (*Mitteilungen der Arbeitsgemeinschaft Jüdisch-Liberaler Jugendvereine Deutschland*, Heft 11–12, November 1921). Auch war Rabbiner Rosenthal bereit, mit der Jugend für den Liberalismus zu kämpfen. Fortan gehörte er zur Vereinigung der liberalen Rabbiner Deutschlands – einer Vereinigung, die sich am 31. Mai 1898 in Berlin gegründet hatte. Ab Januar 1922 veröffentlichte er zahlreiche Aufsätze in der *Jüdisch-liberalen Zeitung*.

Der Vorstand und die langjährigen Mitglieder im Verein Ahawas Achim waren zu dieser Zeit jedoch noch eher konservativ ausgerichtet. Insbesondere David Wolpe, Kaufmann, Vorsitzender im Verein Ahawas Achim, Vorsitzender des Verbands der Synagogen-Vereine Berlins und Schatzmeister der Freien Jüdischen Volksschule, zählte zu den religiös-konservativen Kreisen. Er wohnte um 1900 in der Pankstraße 31A und später in der Joachim-Friedrich-Straße 52 – nahe des Ku'damms. Somit dürfte es zu nicht unerheblichen Interessens- und Glaubenskonflikten zwischen dem Rabbiner und einigen Gemeinde- und Vorstandsmitgliedern gekommen sein. Vermutlich führte diese neue Ausrichtung Rosenthals zum Bruch mit dem Verein Ahawas Achim. Überliefert ist, dass sich der Vorstand lange gegen

Reformen wehrte, denn auch ein weiteres Mitglied, die Kinderbuchautorin Frieda Mehler aus der Badstraße 40, forderte 1926 entsprechend der liberalen Vorstellungen das Wahlrecht und die gleichberechtigte Mitgliedschaft für Frauen, was vom Vorstand abgelehnt wurde. Die Begründung lautete, da Frauen beim jüdischen Gottesdienst keine Funktionen haben, stehe ihnen kein Stimmrecht zu. Die männlichen Mitglieder einigten sich darauf, dass Frauen weiterhin nur das Recht auf eine außerordentliche Mitgliedschaft haben, so die Generalversammlung vom 6. Mai 1926.

Rabbiner Rosenthal verließ 1922 den Religionsverein Ahawas Achim und wirkte erst in Beuthen (Oberschlesien) und ab 1924 in Berlin-Lichtenberg als Rabbiner. Nach seinem Fortgang setzte für die Erwachsenen und Kinder wieder eine Zeit der Ungewissheit ein, denn es gab keinen Nachfolger. Fast zwei Jahre war das Rabbinat im Gesundbrunnen verwaist. Der Verein veröffentlichte Anzeigen, in denen ein akademisch gebildeter Rabbiner und ein jüngerer Kantor gesucht wurden. Zum Pessachfest im April 1924 übernahm Rabbiner Dr. Siegfried Alexander das Rabbinat, die Leitung der Religionsschule sowie viele weitere Aufgaben. Wenige Wochen zuvor trat Herr Alperten als neuer Kantor hervor, den 1933 Oscar Ruschin ablöste. Wichtigste Aufgabe des Kantors war es, in der Synagoge zur Harmoniumbegleitung vorzubeten.

Bei der Amtseinführung von Rabbiner Alexander am Vorabend zum Pessachfest war die kleine Synagoge des „Brunnens" im Hof Prinzenallee 87 hell erleuchtet, geschmückt, voll besetzt und die Vereinsmitglieder und ihre Gäste voller Freude. Chorgesang und Harmoniumklänge begleiteten den neuen Rabbiner zum vom Kerzenschein illuminierten Altar. Dort erwartete ihn David Wolpe. Seine Rede klang mit folgenden Worten aus: „Wir alle, jung und alt, vor allem aber die Kranken und Leidenden, warten auf den Lehrer und Tröster; und Sie werden ein reiches Arbeitsfeld bei uns finden. Aber diese Betätigung wird Ihnen Freude machen, denn wir bringen Ihnen von vornherein unsere Hände und Herzen entgegen, um Ihnen den ernsten und schweren Beruf nach Möglichkeit zu erleichtern. So hoffen und wünschen wir, daß durch stetes gegenseitiges Vertrauen Ihre Tätigkeit bei uns für Sie selber und für die ganze Gemeinde von Gottes reichstem Segen gekrönt sein möge!", so das *Israelitische Familienblatt* (08.05.1924). Anschließend hielt Rabbiner Alexander seine erste Antrittspredigt in der von festlicher Stimmung erfüllten Synagoge. Er dankte Gott dafür, dass er ihn für würdig befunden hatte, hierher zu kommen. Der Jugend wolle er ein Lehrer und Erzieher, den Alten ein Freund und Berater, den Kranken und Leidenden ein Helfer und Tröster sein. Mit einem Gebet schloss die ergreifende Feier. Wer genau war der neue Rabbiner für die kleine, arme, jüdische Gemeinde im Wedding?

Rabbiner Siegfried Alexander war bei seiner Amtsübernahme Ende 30, hatte 1915 promoviert, anschließend im Ersten Weltkrieg gedient, wirkte dann als Landesrabbiner in Köthen/Anhalt (1919–1921) und als Erster Rabbiner in Saarbrücken (1921–1924). Somit brachte er ganz unterschiedliche Erfahrungen mit. In seiner Jugend hat ihn vermutlich der Vater geprägt. Wilhelm Alexander (geb. 21.08.1857 in Bromberg, gest. 18.06.1942 in Berlin) war ein ausgezeichneter Schofar-Bläser und täglicher Synagogenbesucher. Er zog mit seiner zweiten Frau Friedchen, geb. Cohn, im Jahr 1906 von Lobsens/Posen nach Berlin. Die Alexanders hatten drei Söhne: Siegfried, Hugo und Erich. Alle drei dienten im Ersten Weltkrieg. Nur der älteste wurde Rabbiner, was

ABB. 32: RABBINER SIEGFRIED ALEXANDER, 1930ER JAHRE.

den Vater mit Stolz erfüllte, war er doch selbst aktives Mitglied in vielen jüdischen Vereinen.

Der junge Siegfried Alexander hielt eine seiner ersten Übungspredigten noch als Rabbinatskandidat am 16. Juli 1910 in der Synagoge Lützowstraße, so eine Ankündigung in der *Jüdischen Rundschau*. Auch gab er für die Mitglieder des Vereins jüdischer Mädchen Unterricht in Bibelkunde. Bereits als Rabbinatsanwärter wurde er im Januar 1913 zum Verwalter des Rabbinats von Scheidemühl gewählt. Jedoch sollte die Zeit in Scheidemühl abrupt vom Ersten Weltkrieg beendet werden. Er meldete sich freiwillig, wurde als Sanitätsgefreiter, Sanitätsunteroffizier und später als Feldhilfsrabbiner eingesetzt. Er sah darin eine sehr wichtige Aufgabe. Im März 1917 schlug er sich freiwillig als Nachfolger von Dr. Steinthal als Hilfsfeldgeistlicher vor. Ein Jahr später trat Rabbiner Jacob Sänger für ihn beim Verband der deutschen Juden ein und empfahl ihn als Feldrabbiner in Mazedonien. In dem Schreiben berichtete Sänger von einer persönlichen Bekanntschaft mit Siegfried Alexander. Für seine Verdienste erhielt Rabbiner Alexander im März 1918 das Eiserne Kreuz zweiter Klasse. Im August 1918 bekam er von der Berliner Lehranstalt für die Wissenschaft des Judentums die Rabbiner-Autorisation. Er kam gesund vom Krieg zurück, ging nach Köthen in Anhalt und gab im März 1919 seine Verlobung mit der gut elf Jahre jüngeren Adelheid (Ada) Ries (geb. 19.02.1897, deportiert am 12.03.1943, 36. Osttransport nach Auschwitz, ermordet) aus Berlin bekannt. Im Sommer fand die Hochzeit statt. Sie war die Tochter von Daniel

Abb. 33: Adelheid Alexander.

Ries und Betty, geb. Lazarus. Der Vater war Kaufmann/Metallhändler (Firma Steffen & Ries in Reinickendorf) und sie wohnten 1910 in der Bochumer Straße 5. Somit wuchs Adelheid mit ihren beiden Geschwistern im neuen Rheinisch-Westfälischen-Viertel Moabits auf.

Bevor Rabbiner Alexander in den Wedding und Gesundbrunnen kam, war er Rabbiner in Saarbrücken und seine Frau bekam die Kinder Yisrael (Eduard) Alexander (geb. 21.07.1921, gest. 14.01.2005) und Tina-Gertrud (geb. 07.04.1923, gest. 03.11.1999). Somit brachten die Alexanders zwei kleine Kinder mit in den Wedding und bezogen ihre erste Wohnung in der Adresse Badstraße 44, einem typischen Wohn- und Geschäftshaus zwischen dem Fluss Panke und der Buttmannstraße. Im Hof standen einfache Nebengebäude, die auch Wohnzwecken dienten. Der kleine Innenhof ließ die Nachmittagssonne in die hofseitigen Zimmer fallen, während auf der Badstraße der Verkehr brummte. In diesem Haus sollte die zweite Tochter Hana am 10. März 1926 das Licht der Welt erblicken. Mit ihr schien das Familienglück perfekt. Die beiden Mädchen teilten sich das Bettchen und der Sohn erhielt im Juni 1934 seine Bar Mizwa in der Synagoge Prinzenallee 87. Von der Badstraße aus entdeckten die drei Kinder den Gesundbrunnen, schlossen Freundschaften und sollten auch ein Vorbild für andere jüdische Kinder sein. Sie waren immer Teil der jüdischen Badstraßen-Community. Seine drei Kinder haben dafür gesorgt, dass die jüdischen Kinder der Nachbarschaft, aber auch ihre Eltern, ein

ABB. 34: SIEGFRIED ALEXANDER MIT SEINEN DREI KINDERN, FRÜHE 1930ER JAHRE.

besonderes Verhältnis zum Rabbiner-Haushalt aufbauten. Darüber hinaus engagierte sich seine Frau Adelheid Alexander im Jüdischen Frauenverein Wedding-Gesundbrunnen. Dieses Amt hatte sie und die ganze Familie Alexander noch mehr mit den bedürftigen jüdischen Bewohnern des Gesundbrunnens und Weddings verbunden.

Von der Badstraße 44 aus hatte Rabbiner Alexander einen kurzen Gehweg bis zur Vereinssynagoge in der Prinzenallee 87. Keine fünf Minuten brauchte er, außer er machte einen kleinen Stopp beim Geschäft von Isaac Baer an der Badstraße Ecke Prinzenallee: „Shalom Isaac". Dort erkundigte er sich nach dem Wohlergehen des Vereinsmitgliedes und seiner Familie. Dann ging Rabbiner Alexander weiter, schloss die große Tür zum Haus Prinzenallee 87 auf, ging durch das Vorderhaus in den Gartenhof, in dem die kleine, aber malerische Synagoge seit 1910 unverändert stand. Abgeschirmt vom großen Trubel bereitete sich Rabbiner Alexander hier auf die Gottesdienste und Vorträge vor. Aus einer Ankündigung im *Berliner Tageblatt* zu den jüdischen Gottesdiensten in Berlin wird ein Teil der vielfältigen Aufgaben von Rabbiner Alexander in der Synagoge deutlich: „Freitag Abend 7.30 Uhr; Sabbatbeginn Sonnabend, vormittags 8.30 Uhr, Neumondweihe, Tamus und Barmizwah; 10 Uhr Predigt Rabbiner Dr. Alexander. Mincha 9 Uhr (Sabbatausgang 9.35 Uhr). Werktags: morgens 7 Uhr, abends 7.30 Uhr." Regelmäßig hielt nach Schabbatausgang – zwischen Nachmittagsgebet (Mincha) und Maariw – Rabbiner Alexander noch einen Lehrvortrag in der Synagoge oder es gab eine Festpredigt und Festandacht wie im April 1927, als er eine neue Thorarolle unter Anwesenheit weiterer Rabbiner einweihte.

Am 10. November 1929 feierte die Gemeinde Ahawas Achim ihr 30-jähriges Bestehen. Rabbiner Alexander veröffentlichte im *Israelitischen Familienblatt* einen Rückblick mitsamt Erwähnung der ersten Zusammenkünfte und des ersten gemeinsamen Chanukkafests 1899 in einem kleinen Gartenhäuschen in der Badstraße. Dieses

Jubiläum erlebten viele der Mitbegründer noch, ebenso die erste große Renovierung der Synagoge im Sommer 1935. Am 18. August 1935 wurde die Synagoge wieder eingeweiht. Bei diesem Festakt hielt der Erste Vorsitzende des Vereins, der Uhrmacher und Optiker Michaelis Leschnik, die Begrüßungsansprache und Rabbiner Alexander die Festpredigt. Zur Zeremonie gehörten auch Gesänge des Chors der Prinzregenten-Synagoge unter der Leitung von Leo Kopf sowie kantorale Vorträge von Oberkantor Oscar Ruschin, so die *Jüdische Rundschau* (30.08.1935).

Neben Gottesdiensten, mitunter Jugend- und Purimgottesdiensten, Bar/Bat Mizwas und Totenfeiern sprach Rabbiner Alexander auch zu besonderen Geburtstagsfeiern. So fand am 15. Juli 1933 die Geburtstagsfeier für das 90-jährige Ehrenmitglied Meyer Hecht in der Synagoge statt. Darüber hinaus hielt Rabbiner Alexander zahlreiche Lehrvorträge über das jüdische Leben, die jüdische Gemeinschaft und ihre Besonderheiten. In den 1930er Jahren erkannte Rabbiner Alexander die Zeichen der Zeit und sah die Zukunft der Jugend in Israel. So sprachen am 5. Mai 1936 Rabbiner Dr. Harry Levy, Rabbiner Broch und Bruno Bender in der Synagoge über „Palästina oder Erez-Jsrael". Nach der Veranstaltung traten „zahlreiche Besucher dieser Synagoge der Misrachi-Gruppe als Mitglieder bei", so die Zeitung *Zion* (Nr. 3, Juli 1936). Misrachi trat für eine Rückkehr und einen religiösen Aufbaus Israels auf Grundlage der Thora ein. Noch im März 1938 fanden weitere thematisch ähnliche Veranstaltungen in der Synagoge statt. Ziel war es, dass die noch in Berlin lebende jüdische Bevölkerung auswandert.

Rabbiner Alexanders zweitwichtigste Wirkstätte war das Lessing-Gymnasium an der Pankstraße, wo er den jüdischen Schülern in sieben Klassen Religionsunterricht gab. Ende 1934 mussten die Schüler für den Religionsunterricht in die Räume des Jüdischen Krankenhauses umziehen, in dem Rabbiner Alexander mit seiner Familie nun auch wohnte. Im *Israelitischen Familienblatt* (01.11.1934) stand: „Der Schulleiter, Herr Rabb. Dr. Alexander, ist in Schul- und seelsorgerischen Angelegenheiten werktäglich von 10 bis 11 Uhr, sonst nach telephonischem Anruf, Wedding 2397, in seiner Wohnung zu sprechen." Nicht nur für die Kinder war Rabbiner Alexander Seelsorger, sondern auch für die Patienten im Krankenhaus: Er kümmerte sich um die Kranken. Ging zu jedem, der seinen Beistand brauchte. Außerdem verbrachte der Vater des Rabbiners, Wilhelm Alexander, seine letzten Lebensjahre im gleich gegenüberliegenden Jüdischen Altersheim und auch die Mutter seiner Frau, Betty Ries, lebte ab 1941 in dem Haus (deportiert am 25.01.1942 nach Riga, ermordet), wo er als Seelsorger wirkte.

Ab 1933 verloren jüdische Familien mit den ab 1933 immer schärfer werdenden Gesetzen ihre Rechte, ihr Einkommen, Ansehen und angespartes Vermögen. Sowohl bei den Ärmsten als auch bei der kleineren bürgerlichen Mittelschicht lösten die Demütigungen und finanziellen Zusammenbrüche großes Leid und tiefe Verzweiflung aus. Die Zukunft wurde für die jüdischen Bewohner des Weddings und Gesundbrunnens so unsicher, wie sie es in den vergangenen Jahrzehnten nie war. Neben den materiellen Beschneidungen war auch das religiöse Leben im Verein Ahawas Achim in großer Gefahr. Die Mitgliederzahlen nahmen sukzessive ab, fortan mussten die Vereinsversammlungen polizeilich angemeldet werden und ein Beamter wohnte ihnen bei. Einige jüdische Familien verließen den Gesundbrunnen und Deutschland, während andere nur die Kinder ins Ausland schicken konnten. In der Pogromnacht 1938 wurde die Synagoge des „Brunnens" trotz ihrer Lage auf dem Hof und umgeben von Wohnhäusern stark beschädigt. Der Schaden war so erheblich, dass die Synagoge nicht mehr genutzt werden konnte. Mit den neuen Verordnungen zum „Reichsbürgergesetz" vom 4. Juli 1939 musste der Verein aufgelöst werden. Innerhalb von zwei Monaten, von der ersten Auflösungsanordnung am 20. Oktober 1939 bis zum 15. Dezember 1939, wurde die Auflösung vollzogen. Der Verein hatte keine Mitglieder und kein Vermögen mehr.

Auch Rabbiner Alexander standen sehr schwere Zeiten bevor. Nach mehreren Umzügen in immer kleinere Wohnungen war die letzte Adresse eine Wohnung in der Chausseestraße 18 – er und seine Frau wohnten bei dem jüdischen Ehepaar Nossek. Er arbeitete in unterschiedlichen noch bestehenden Synagogen und als Lehrer bei der Reichsvereinigung der Juden in Deutschland. Die Alexanders hatten sich 1939 von ihren drei Kindern verabschiedet und wussten nicht, ob sie sie jemals wiedersehen würden. Der einzige Sohn ging nach England, wo er den Krieg überlebte und anschließend nach Israel auswanderte. Seiner jüngeren Schwester Tina gelang am 26. Juli 1939 die Schiffsüberfahrt von Triest nach Israel. Und auch die jüngste Tochter kam zunächst nach England und wanderte mit dem Kriegsende nach Israel aus. Die letzte Nachricht an ihren Sohn Yisrael schrieben die Eltern am 19. Februar 1943. Auf dem Antrag zur Nachrichtenvermittlung des Deutschen Roten Kreuzes konnten maximal 25 Worte notiert werden: „Soehnchen! Dank fuer Geburtstagswuens[che] freuen uns ueber Euer Wohlergehen. Tini, Hanni si[nd] ben [sic] hoffnungsfroh. Lest Jesaja 54! Wir segnen Euch stets voller Liebe mit innigen Kuessen!" Am Tag des Briefes, dem 19. Februar 1943, feierte Adelheid Alexander ihren 46. Geburtstag. Unterschrieben ist die Nachricht mit „Papi, Mutti". Wenige Tage später, am 12. März 1943, wurden sie und ihr Mann mit dem Osttransport 36, der sogenannten Fabrikation, nach Auschwitz deportiert und ermordet. Alle drei Kinder überlebten den Holocaust und konnten in Israel ein neues Leben beginnen.

Von der Vereinsgründung bis zur Zwangsauflösung war Rabbiner Siegfried Alexander am längsten für den Verein Ahawas Achim tätig. Er wohnte in den ersten Jahren auf der Badstraße und hatte somit täglich Kontakt zu den jüdischen Kaufleuten und ihren Familien. Er kannte die großen und kleinen Sorgen. Aber auch die anderen drei Rabbiner leisteten einen wichtigen und mutigen Beitrag zum Aufbau der kleinen Gemeinde, die von Armut, Hoffnung und dem Wunsch nach einem religiösen jüdischen Leben im Arbeiterbezirk geprägt war.

V.
Unterstützung für die Ärmsten

Im Arbeiterbezirk Wedding mangelte es den Bewohnern viele Jahrzehnte an nahezu allem: Versorgung der Armen und Alten, Wohnraum mit modernen hygienischen Einrichtungen und einer Anbindung ans Zentrum. In Berlin starben im Jahr 1896 ein Fünftel aller neugeborenen Kinder im ersten Lebensjahr. Die Säuglingssterblichkeit war im Wedding mit einer Rate von elf von Tausend deutlich höher als in den damaligen Bezirken Berlin-Kölln, Friedrichstadt und der Schöneberger-Vorstadt, dort waren es nur zwei bis drei von Tausend, so der *Vorwärts* (15.10.1899). Nicht nur die hohe Sterberate von Säuglingen zeigte, wie schlecht es den Menschen im Wedding ging. Besonders die arbeitenden Mütter hatten einen harten Alltag, denn es gab keine städtischen Kinderbetreuungsangebote. Durch die fehlende Unterstützung konnten Mütter erst mit dem schulpflichtigen Alter der Kinder wieder arbeiten. Familien waren also weitestgehend auf sich gestellt, viele Kinder gingen hungernd ins Bett, es gab Gewalt und Selbstmorde.

Auch jüdische Familien lebten in großer Armut und unter teils prekären Bedingungen. Es war nicht leicht, an Fürsorgeangebote jüdischer Vereine zu kommen. Damit mittellose oder kranke Menschen sich an das Fürsorgeangebot der Vereine wenden konnten, mussten sie entweder Mitglied in dem jeweiligen Verein sein oder einen Antrag auf Unterstützung beim Verein stellen. Darüber hinaus gab es jüdische Vereine, die nur Anwohner eines bestimmten Stadtteils unterstützten. Im armen Norden entstand, wenn überhaupt, ein eher überschaubares privat finanziertes Vereinswesen. Es gab immer nur zeitweise Unterstützung wie dringend benötigte Notunterkünfte. Zu den wichtigsten Anlaufstellen gehörten das Jüdische

Krankenhaus und die Stellen des Wohlfahrtsamts der Jüdischen Gemeinde. Darüber hinaus wurde die Beliebtheit des Gesundbrunnens genutzt, um bei Veranstaltungen jüdischer Vereine möglichst viele Gäste für die eigene Sache zu gewinnen und Spenden zu sammeln.

Einer dieser Orte, der Menschenmassen mobilisierte und Großveranstaltungen ausrichtete, war Weimann's Volksgarten in der Badstraße 56. Auf großen Plakaten sahen die Anwohner des Kiezes bereits die nächsten Veranstaltungen: Feuerwerk, Kinder-Freuden-Fest, Militärkonzert, Ballonfahrt, Kostümfest, Maifeier und Ähnliches. Es wurde immer etwas Neues für wenig Geld geboten. Auch in den Berliner Tageszeitungen, weniger den jüdischen als vielmehr in den anderen, gab es wöchentlich Anzeigen und Berichte über besonders spektakuläre Vorführungen oder neue Attraktionen wie die „Rotationseisenbahn“: „Mit der Schnelligkeit, welche diejenigen der bisherigen elektrischen Bahnen weit übertrifft, rast dieser neue Blitzwagen die 60 m lange Bahn hin und zurück, rotiert dabei um seine eigene Achse und die Insassen haben ein Gefühl der Freude und der Aufregung“, so die *Berliner-Börsen-Zeitung* (15.05.1885). Weimann's Volksgarten erlangte durch Reiseführer über Berlin hinaus Bekanntheit und gehörte zu den Attraktionen der Reichshauptstadt. An der Badstraße standen auf einem weit in den Block reichenden Areal Stühle und Tische unter hohen Bäumen sowie einige massive eingeschossige Pavillon-Gebäude für kleine Feiern und größere Veranstaltungen. Wenn es richtig voll war, dann waren mehrere tausend Gäste bei Weimann's. Besonders in den Sommermonaten trafen sich hier Arbeitskollegen, verliebte Paare, Freunde und Familien, oftmals bis spät in die Nacht hinein. Denn wenn die Sonne im Westen unterging, gingen bei Weimann's 12 000 kleine Lampions an und verwandelten die Dunkelheit der Hinterhäuser in einen Sternenhimmel, der zum Greifen nahe war. Hier traf sich der Wedding mit seiner Mischung aus Arbeiterbewegung, den Kritikern über die Zustände

Abb. 35: Anzeige Weimann's Volksgarten, 1886.

in den Fabriken, Familien mit dem Wunsch nach dem kleinen Glück und auch jüdischen Anwohnern und Kaufleuten. Wer hier nicht verkehrte, waren die Fabrikbesitzer. Welche Wohltätigkeitsveranstaltungen für jüdische Notleidende und Vereine fanden hier statt?

Juden in Russland, Polen und den sonstigen östlichen Regionen waren in den 1870er Jahren von unterschiedlich starken Maßnahmen der Ausgrenzung betroffen. Ab 1881 kam es in Russland – vor allem in Moskau und anderen großen Städten – zu einer systematischen Vertreibung der jüdischen Bewohner. Diejenigen, denen die Flucht gelang, kamen in Berlin an und fanden am Schlesischen Bahnhof (heute Ostbahnhof) eine erste Unterkunft. In großen Gehöften erhielten Frauen, Männer und Kinder eine Notversorgung mit sauberer Kleidung, wärmenden Decken und Arzneien. Über die erbärmlichen Zustände durch die Tageszeitungen informiert, riefen zahlreiche Berliner Vereine und Privatpersonen zur Unterstützung der jüdischen Flüchtlinge auf. Allein im Juni 1891 gab es in Berlin drei Wohltätigkeitsveranstaltungen: am 15. Juni eine Wohltätigkeitsvorstellung im Wallner-Theater, am 18. Juni ein Konzert und Sommerfest in der Berliner Philharmonie und am 23. Juni ein Volksfest in Weimann's Volksgarten. Alle drei Veranstaltungen stießen auf großes Interesse bei den Berlinern. Für das Volksfest in der Badstraße wurden 20 000 Eintrittskarten verkauft, zum Preis von 50 Pfennig für Erwachsene und 25 Pfennig für Kinder, so ein Bericht in *Der Israelit* (06.07.1891). Mit den eingenommenen Geldern konnten die

Fürsorgeangebote für vertriebene, notleidende jüdische Familien weiter finanziert werden.

Als nächstes nutzte der jüdische Verein Esra, gegründet 1884 in Berlin, Weimann's Volksgarten. Im Mittelpunkt der Vereinsarbeit stand die Förderung der ackerbaubetreibenden Juden in Palästina und Syrien – auch bezeichnet als Kolonisationsverein. Innerhalb weniger Jahre stieg die Mitgliederzahl auf mehrere Tausend. In *Der Gemeindebote* erschien am 17. Juni 1892 folgende Ankündigung: „Der Verein Esra veranstaltet am Dienstag, den 21. Juni 1892, ein Volksfest zum Besten der Ackerbau treibenden russischen Juden in Palästina. Dasselbe findet in Weimann's Volksgarten auf dem Gesundbrunnen statt und beginnt um 4 Uhr. Der Eintrittspreis beträgt 50 Pfennige, für Kinder die Hälfte." Jedoch regnete es an diesem Dienstag stark und das Fest wurde auf den 30. Juni verlegt, so das *Berliner Tageblatt*. Am 30. Juni war erneut schlechtes Wetter, sodass wieder ein neuer Termin gefunden werden musste: der 4. Juli 1892 – an diesem Montag fand es unter „allen Umständen" statt. Trotz dieser Schwierigkeiten fand ein Jahr später eine weitere Esra-Veranstaltung in Weimann's Volksgarten statt. Am Mittwoch, den 21. Juni 1893, richtete der Verein sein Sommerfest mit Mitgliedern und Gästen aus. Zu dieser Veranstaltung bei schönstem Wetter kamen über 5000 Gäste in den Gesundbrunnen. „Zur Belustigung der bereits am Nachmittag zahlreich anwesenden Kinderschar waren Gesellschaftsspiele arrangiert, ein Marionettentheater rief lebhafte Heiterkeit durch seine drolligen Darbietungen hervor", so ein Bericht im *Gemeindeboten* (30.06.1893). Nach Ansprachen, Theateraufführungen und Chorgesang gab es zu später Stunde noch ein prächtiges Feuerwerk, was den Höhepunkt des Sommerfestes markierte. Auch im Jahr 1894 nutzte der Verein Esra die Bekanntheit von Weimann's Volksgarten für sein Sommerfest. Es wurde am 21. Juni wegen schlechtem Wetter abgesagt und fand am Dienstag, den 26. Juni, statt. Erneut störte mehrfacher

Regen die Veranstaltung, zu der mehrere tausend Gäste in den Gesundbrunnen gekommen waren. Ein großes Programm mit Feuerwerk sorgte für Unterhaltung. Bei diesem Sommerfest konnte der Verein mehrere tausend Mark einnehmen.

Ein weiterer jüdischer Privatverein, der Weimann's Volksgarten für eine große Veranstaltung buchte, war der 1890 gegründete Humanitätsverein Linath Hazedek I. Er hatte 1893 bereits 200 Mitglieder. Für einen Monatsbeitrag von anfänglich 75 Pfennig bekamen die Mitglieder Krankenpflege, ärztliche Behandlung, Arzneien und eine religiöse Sterbebegleitung. Der große Unterschied zu anderen Vereinen war, dass die Fürsorge nicht auf das zahlende Mitglied beschränkt war, sondern die gesamte Familie das Unterstützungsangebot in Anspruch nehmen konnte. Der Verein plante für den 10. Juni 1896 ein Sommerfest in Weimann's Volksgarten. Es sollten sowohl Gelder für einen Reservefonds als auch zur Begründung einer Witwenkasse gesammelt werden. Von dem Fest berichtete der *Berliner Vereinsbote* am 19. Juni 1896, dass die gemütliche Feststimmung bei den Gästen zu einem Aufenthalt bis nach Mitternacht führte. Für die tausenden Besucher gab es Ansprachen, ein Doppelkonzert und ein großes Feuerwerk. „Ganz besonders sei noch erwähnt, dass die Comitémitglieder sich vollkommen der wahrlich nicht leichten Aufgabe gewachsen zeigten, bei einem Menschenandrang von einigen Tausenden soweit thunlich den Wünschen der einzelnen Festteilnehmer in aufmerksamster Weise nachzukommen. Doch wo das einmal nicht anging, zeigten sich auch die Besucher liebenswürdig und entgegenkommend, so dass das wirklich großartige Fest ohne jeden Misston und in echter jüdischer Geselligkeit verlief", so der *Berliner Vereinsbote*. Insgesamt konnte der Verein durch das Sommerfest 1500 Mark für seine Ziele einnehmen.

Weimann's Volksgarten wurde in der zweiten Hälfte der 1890er Jahre ein wichtiger Versammlungs- und Veranstaltungsort. Im Jahr

1903 wechselte der Besitzer des Volksgartens und im April 1905 öffnete er seine Tore letztmals. Erst der Abriss der Gebäude und dann die Planung und Errichtung der Bastianstraße samt neuer Wohngebäude löschten Weimann's Volksgarten von der Stadtkarte aus.

Wedding und Gesundbrunnen gehörten zu den Stadtteilen mit den schlechtesten Wohn-, Arbeits- und Lebensbedingungen. In den ersten Mietskasernen wohnten die Familien eng an eng. Um 1900 gab es einige genossenschaftliche Bauinitiativen. So beauftragte die Berliner Baugenossenschaft die jüdischen Architekten Kristeller & Sonnenthal mit den Planungen eines Wohnhaus-Ensembles in der Malplaquetstraße Ecke Liebenwalder Straße. Hier entstanden von 1905 bis 1906 insgesamt 192 Wohnungen mitsamt kleiner Hofgärten, ein Kindergarten, das Wirtshaus und eine Hausbibliothek mit Versammlungsraum. In den 1920er Jahren waren die prekären Wohnverhältnisse wieder Gegenstand zahlreicher Planungen und neue Wohnblocks mit großzügigen Grünanlagen nach zeitgenössischen Leitmotiven setzten vereinzelt neue Akzente. Dazu gehörten auch die nahe dem Bahnhof Gesundbrunnen gelegenen Häuser des jüdischen Architekten Rudolf Fränkel – die „Gartenstadt Atlantic", Mitbegründer war der jüdische Verleger und Unternehmer Karl Wolffsohn. Fränkel plante für das tortenstückförmige Grundstück zwischen Behmstraße und Bellermannstraße sowie an der Spanheimstraße Wohnhäuser mit Typenwohnungen mit Balkonen und Loggien, die entweder die Südausrichtung oder Hoflage zur Steigerung der Wohnqualität nutzten. Errichtet ab 1924, waren die ersten Wohnungen 1926 bezugsfertig. Unmittelbar daneben schuf Fränkel von 1927 bis 1929 das moderne Multifunktionsgebäude „Lichtburg" mit Kino, Läden, Büros und Veranstaltungssälen – das Kino betrieb ab 1931 ebenfalls Karl Wolffsohn. Trotz dieser Leuchtturmprojekte wohnte der überwiegende Teil in einfachsten Verhältnissen. Für jüdische Familien gab es bis 1900 nahezu keine Hilfsangebote und lediglich die

Gesundheitsversorgung konnte ab Sommer 1914 durch das Jüdische Krankenhaus gesichert werden. Jedoch gab es jüdische Familien, die dringend Unterstützung benötigten. Noch vor 1900, im Jahr 1891, gründeten am 2. Juni 1891 engagierte Frauen den Israelitischen Frauen-Verein Oranienburger Vorstadt. Ihre Zentrale befand sich in der Fennstraße, also nahe dem belebten Weddingplatz und genau am Schnittpunkt zwischen Moabit, Wedding und Oranienburger Vorstadt. Vor allem in diesen Stadtteilen wollten die Mitglieder wegen der prekären Lage vieler Bewohner Gutes tun. Im Mittelpunkt der Arbeit stand die Versorgung von Armen, Kranken und Wöchnerinnen durch ärztliche Hilfe. Es gab Kleidung und Wäsche, finanzielle Unterstützung und Seelsorge bei Krankheits- und Todesfällen, so die Vereinsziele laut einem Bericht im *Gemeindeboten* (04.09.1891). Die Leser der Zeitung wurden zum Beitritt aufgefordert, denn die vor-

Abb. 36: Badstrasse 34, Aufnahme 1918.

Abb. 37: Badstrasse 44, Aufnahmen 1915/16.

Abb. 38: Badstrasse 42/43, Vorderhaus, 1917.

handenen Mittel reichten nicht für die Zahl der Bedürftigen aus. Aus dem kleinen Verein entwickelte sich innerhalb von vier Jahren ein für die Gegend durchaus erfreulicher Zusammenschluss von 300 Mitgliedern. Über die Einnahmen und Ausgaben ist bekannt, dass sie im Jahr 1893/94 bei 1347 Mark gegenüber 1264 Mark lagen. Die Mittelverwendung war so geregelt: Die Bedürftigen mussten sich schriftlich oder mündlich an den Verein wenden. Eine Mitgliedschaft war nicht notwendig, was zu zahlreichen Anfragen geführt haben dürfte. Im Jahr 1902 gab es hinsichtlich der Wöchnerinnenpflege eine genau festgelegte Zuständigkeit unter den zahlreichen jüdischen Frauenvereinen, die von nun an nur noch von vier Vereinen angeboten wurde. Dazu gehörte auch der Israelitische Frauen-Verein Oranienburger Vorstadt, der jedoch nur noch für die Wöchnerinnen in Moabit zuständig sein sollte. Der Frauenverein war eng mit dem Israelitischen Religionsverein Oranienburger Vorstadt verbunden, dessen Vereinssynagoge in der Liesenstraße 3 lag. Es gab gemeinsame Veranstaltungen wie einen Vortragsabend mit Rabbiner Ludwig A. Rosenthal. Somit kümmerten sich die Frauen in erster Linie um hilfsbedürftige jüdische Familien rund um den Weddingplatz sowie entlang der Müllerstraße, Chausseestraße und Reinickendorfer Straße.

Über die russisch-jüdischen Flüchtlinge die im Februar 1905 im Gesundbrunnen ankamen, ist wenig bekannt. Es waren überwiegend Männer, die im Gesundbrunnen eine Arbeiterkolonie bildeten. „Sie rekrutiert sich zumeist aus Deserteuren und geflüchteten Reservisten, die schon in ihrer Heimat in Fabriken tätig waren", so das *Israelitische Familienblatt* (16.03.1905). Über den Umgang mit den Geflüchteten hieß es, dass sie von der hiesigen Polizei entweder ausgewiesen werden oder dass, wenn sie eine Arbeit nachweisen können, sie einen Aufenthaltsschein erhalten. „Der größere Teil dieser Arbeiter ist jüdischen Glaubens und hat in den Fabriken jüdischer Besitzer ein Unterkommen gefunden", so der Bericht.

Zu Beginn der 1910er Jahre gingen endlich die Bauarbeiten am Jüdischen Krankenhaus voran. Kurz vor Ausbruch des Ersten Weltkriegs zogen die zahlreichen Abteilungen in ihre neuen Räume, die Krankenbetten wurden bezogen und koscheres Essen wurde zubereitet. Das Krankenhaus bildete vorerst den letzten Baustein des „Stadtbezirks der Nächstenliebe“, wie die Gegend zwischen Schulstraße, Reinickendorfer Straße und Christianiastraße genannt wurde. Im Jüdischen Krankenhaus gab es ab 1915 eine soziale Krankenhausfürsorge. Die zahlreichen Aufgaben wurden von ehrenamtlichen Mitarbeitern ausgeführt, die Beratungen, Seelsorge, Hausbesuche, Behördengänge und Ähnliches übernahmen. Im Jahr 1927 kümmerte sich die soziale Krankenhausfürsorge monatlich um ca. 50 Fürsorgefälle. Jedoch sollte erst im Dezember 1927 die erste hauptberufliche Krankenhausfürsorgerin von der Jüdischen Gemeinde fest angestellt werden und es setzte eine weitere Professionalisierung in diesem Bereich ein. So wurden 1928 aus dem Etat der Sozialen Krankenhausfürsorge zahlreiche Dienstleistungen erbracht, beispielsweise 709 Wöchnerinnen besucht und den städtischen Säuglingsfürsorgestellen überwiesen, orthopädische Apparate besorgt, für 33 Personen wurde die Aufnahme in ein Sanatorium organisiert und insgesamt wurden 868 allgemeine Maßnahmen von der Beratung bis zu Schriftwechseln mit Behörden erledigt (*Zeitschrift für jüdische Wohlfahrtspflege*, Juli–August 1929). „Unter den deutschen Juden ist es häufig der verarmte Mittelstand, der unserer Hilfe bedarf. Nur zögernd und mit ängstlicher Zurückhaltung spricht er sich über seine Verhältnisse aus“, so eine Beschreibung im Tätigkeitsbericht der Sozialen Krankenhausfürsorge für das Jahr 1928 (*Zeitschrift für jüdische Wohlfahrtspflege*, Juli–August 1928). In den späten 1920er Jahren und frühen 30er Jahren erlangte die soziale Krankenhausfürsorge immer mehr an Bedeutung. „Es ist ein Verdienst der Leitung des Jüdischen Krankenhauses in Berlin, daß es einen besonderen sozialen

Fürsorgedienst eingerichtet hat. Die soziale Krankenhausfürsorge erstreckt sich nicht nur auf fürsorgerischen Zuspruch, sondern auch vor allem auf die persönlichen sozialen und wirtschaftlichen Umstände des Kranken", so der Artikel „Schicksale in einer Sprechstunde" (*Jüdisch-liberale Zeitung*, 19.10.1934). Das Fazit des Autors lautete: „So bedeutet die soziale Krankenhausfürsorge einen wichtigen Pfeiler jüdischer Familienpflege."

Mit Kriegsausbruch im Juli 1914 stellte sich die Jüdische Gemeinde auf die veränderte Situation anhand eines neuen Hilfsangebots für die im Krieg kämpfenden Juden ein. Den Familien fehlte das Einkommen des Mannes und die tatkräftige Unterstützung der Söhne, um den Alltag zu bewältigen. Im August/September 1914 wurde die Kriegshilfekommission der Jüdischen Gemeinde eingerichtet, so *Der Gemeindebote* am 4. September 1914. Ziel war die Versorgung von Angehörigen mit materiellen Dingen, mit Essen, mit neuen Betreuungsangeboten für Kinder sowie die Beschaffung von Arbeitsplätzen für die Mütter. Die Hilfsangebote sollten über ein Büronetz, nach Straße und Stadtteilen geordnet, bei den Bedürftigen ankommen, so auch für den Wedding und Gesundbrunnen: Stettiner Bahnhof bis Wedding in der Koloniestraße 5 und vom Weinbergsweg bis Oderberger Straße und Gesundbrunnen in der Lothringer Straße 44. Bezüglich der Koloniestraße 5 ist bekannt, dass es die Adresse von Rabbiner Jacob Sänger war, der jedoch selbst in den Ersten Weltkrieg zog. Wie viele jüdische Männer aus dem Wedding in den Krieg zogen, ist unbekannt. Aber es gab sie, wie eine andere Perspektive es bestätigt: Es war eine Frau, die im Wedding während des Ersten Weltkriegs wirkte. Erna Kalisch, geb. Schröder, (geb. 26.05.1889, gest. 04.10.1961) „war neun Jahre als Wohlfahrtspflegerin in dem ärmsten und verrufensten Stadtteile Berlins, dem Wedding, tätig und lernte hier mit eigenen Augen die entsetzlichen Kriegsfolgen kennen: die völlig untergrabene Moral, die bitterste Armut, den entschwundenen Glauben an alles Gute und Göttliche“, so die Beschreibung von F. Rasenberger-Koch in *Die jüdische Frau* am 26. April 1926. Die Erfahrungen haben Frau Kalisch so geprägt, dass sie Pazifistin und Mitglied der Deutschen Friedensgesellschaft wurde, in der sie auch ihren Ehemann, den Juristen und Schriftsteller Dr. Arnold Kalisch (geb. 22.10.1882, gest. 29.10.1957) kennenlernte. Gleichzeitig belohnten die Menschen sie für ihre Arbeit im Wedding mit viel emotionaler Wärme, denn bei der Jugend und den Erwachsenen des Weddings erlangte sie große Beliebtheit, „die noch heute anhält und selbst jene Menschen ‚da unten‘ mit Sonne erfüllt“, so Rasenberger-Koch. Frau Kalisch engagierte sich intensiv im Bund der Kriegsdienstgegner und in der Friedensbewegung, die in den 1920er Jahren viel Aufmerksamkeit erhielt. Auch im Wedding kam diese Bewegung an, denn 1929 entstand die Arbeitsgemeinschaft der Konfessionen für den Frieden, an der sich auch der Jüdische Friedensbund beteiligte, und im März 1931 gab es eine erste gemeinsame Veranstaltung im Wedding. An diesem interkonfessionellen Abend im Lessing-Gymnasium sprachen drei Geistliche aus dem Wedding. Die Aula war an diesem Abend überfüllt. Zunächst begann Rabbiner Siegfried Alexander vom Verein Ahawas Achim seine Ausführungen mit dem jüdischen Haussegen „Wo Liebe, da ist Friede“ und ging zur Friedenslehre im Judentum über. Anschließend sprach Pfarrer G. Bourquin für die evangelische Kirche und Pfarrer Max Fabich für die katholische Kirche. Er wies auf das Eintreten der Päpste Benedikt XV. und Pius XI. für den Frieden hin. Nach den Vorträgen gab es viele Gespräche mit den Referenten, bei denen es auch um die praktische Umsetzung der religiösen Friedensarbeit ging (*Der Israelit*, 12.03.1931).

Im Gesundbrunnen wurde in den frühen 1920er Jahren vor allem eine Gegend von extremer Armut geprägt, denn in der Wiesenstraße 55–59, auf dem Areal des städtischen Asyls, entstand das größte jüdische Flüchtlingslager. Die sogenannte Wiesenburg – ein

Gebäudeensemble des Berliner Asylvereins, welches von 1896 bis 1907 errichtet wurde, zwischen Bahngleisen, Panke und Wohnhäusern gelegen – stand im Sommer 1920 wegen fehlender städtischer Mittel leer und zur Anmietung zur Verfügung. Zu dieser Zeit suchten der Verband der Ostjuden und die Jüdische Gemeinde nach einer möglichen Unterkunft für die aus Polen flüchtenden und zunächst oftmals erst nach Berlin kommenden mittellosen Juden. Zur Aufnahme der Flüchtlinge stand ein Gebäude des Jüdischen Volksvereins in der Auguststraße 17 zur Diskussion, welches jedoch umfassend renoviert werden musste, und die Wiesenburg. Mit nur kleinen Anpassungen konnten die Räumlichkeiten des städtischen Asyls das erwartete massive Unterbringungsproblem zeitnah lösen und Ende Oktober 1920 die ersten jüdischen Flüchtlinge aufnehmen. Der *Vorwärts* berichtete am 3. Oktober 1920: „Seit langem schon bildet die menschenwürdige Unterbringung der zahllosen jüdischen Flüchtlinge aus Polen und der Ukraine für Berlin ein äußerst schwieriges Problem. In engen und düsteren Räumen mussten diese oft gänzlich mittellosen Familien zusammengepfercht hausen, so gut es eben ging." Die Kapazität der Wiesenburg sah eine maximale Belegung mit Platz für 700 Männer und 400 Frauen vor. Jedoch gingen die jüdischen Organisationen davon aus, dass sich 90 Prozent der Bedürftigen nur kurz in Berlin und Deutschland aufhalte. „Hoffen wir, daß die Annahme zu Recht besteht. Hoffen wir ferner, daß es nicht zu ernstlichen Zusammenstößen kommt zwischen alten Berlin Asylisten und den jüdischen Emigranten", so die Befürchtungen und Hoffnungen des *Vorwärts*-Journalisten.

Es war zunächst als Durchgangsasyl für Erwachsene geplant. In der Unterkunft standen nach Geschlechtern getrennte Räume zur Verfügung. Es gab Speisesäle, einen Lesesaal, eine Küche für rituelle Kost, Bade- und Waschräume, Schlafsäle und Möglichkeiten zur Desinfektion. Die hygienischen Bedingungen waren besonders wichtig, damit sich Krankheiten nicht wie ein Lauffeuer ausbreiten konnten. In dem Gebäude gab es einen Krankensaal für die ärztliche Versorgung, moderne hygienische Bedingungen und eine Apotheke. Von der Ankunft bis zur Zuweisung eines Bettes wurde ein fester Ablauf eingehalten: „Die neuankommenden Leute werden zunächst in einer Sammelhalle untergebracht und von dort nach dem Auskleideraum geführt, wo sie sich ihrer Sachen zu entledigen haben. Von dort gehen sie in den Waschsaal, bzw. in die Baderäume, die von 108 Personen gleichzeitig benutzt werden können. Während sich die Leute so einer gründlichen Körperreinigung unterziehen, werden ihre Kleidungsstücke desinfiziert, auch die Bettdecken, Matratzen usw. können in den vorhandenen Desinfektionsanlagen täglich keimfrei gemacht werden", so die *Jüdische Rundschau* (20.09.1920).

Nach wenigen Wochen des Betriebs berichtete ein Bewohner der Wiesenburg in einem Interview vom 26. November 1920 im *Gemeindeboten*: „Ich bin jetzt fast drei Monate unterwegs und habe mich in der ganzen Zeit kaum ausgeruht. Ich war in Polen über einen Monat im Gefängnis, weil man mich für einen Bolschewisten hielt. Nach meiner Befreiung ging ich nach Berlin, wo ich zuerst in jeder Nacht bald auf dem Alexanderplatz, bald im Friedrichshain geschlafen habe. Hier ruhe ich mich endlich aus, und Sie können sich schon denken, wie ich mich hier fühle. Ich bin nicht der einzige; hunderte von jungen Leuten aus Polen und Galizien wandern umher und haben keine Stätte, ihr Haupt niederzulegen. Sie wissen garnichts von diesem Heim; wenn sie davon wüßten, würde der Saal schon überfüllt sein." Zu diesem Zeitpunkt übernachteten um die 200 Personen in dem bescheidenen Heim. Es war Freitagabend, und die Bewohner fanden sich zum Schabbat ein. Der Journalist schloss mit folgender Beobachtung: „Dieses Institut kann zum Muster dienen für ähnliche Hilfsanstalten in allen Städten Deutschlands." In diesem ersten Winter gab es eine Chanukkafeier für die Bewohner. Zu diesem Fest kamen Förderer und Gäste. Nach Chorgesang gab es Tee und Kuchen (*Der Gemeindebote*, 24.12.1920).

1921 war das Heim eines der größten für jüdische Flüchtlinge, denn 104 000 Betten wurden ausgegeben – monatlich um die 8000 Personen beherbergt, so *Das Jüdische Echo* (21.10.1921). Von Oktober 1920 bis Mai 1921 behandelte der Heimarzt 1707 Personen. Zahlreiche mittellose Männer und Frauen erhielten Verpflegung, Bekleidung und die Möglichkeit zur Körperreinigung. In diesem Jahr stand das Asyl in der Wiesenstraße sogar im Rampenlicht der Politik. Im November 1921 kündigte sich das Preußische Wohlfahrtsministerium für eine offizielle Besichtigung an. Jedoch herrschte nicht nur Dankbarkeit für die Versorgung. Am 23. Dezember 1925 demonstrierten einige Bewohner in der Rosenstraße 2–4 gegen die vom Jüdischen Wohlfahrtsamt auferlegten Arbeitszeiten bei den vermittelten Stellen, so das *Israelitische Familienblatt* (31.12.1925).

Wer kümmerte sich um die Notversorgung in der Wiesenstraße? Es war ein immenser Kraftakt des Verbands der Ostjuden gemeinsam mit dem Arbeiterfürsorgeamt und der Jüdischen Gemeinde zu Berlin gewesen, damit an diesem Ort diese einzigartige Fürsorgeeinrichtung entstand. Auch amerikanische Hilfsgelder und Spenden kamen hier an. Bei der Eröffnung des Durchgangsasyls rechneten die jüdischen Organisationen mit jährlichen Kosten von einer halben Million Mark, so *Der Israelit* (14.10.1920). Innerhalb von weniger als einem Jahr waren die Kosten für das Flüchtlingsheim kaum noch zu stemmen. Während die US-amerikanische Organisation Joint Distribution Committee das Flüchtlingsheim in den ersten Monaten mit Fleisch unterstützte, musste sehr bald in großen Anzeigen in den jüdischen Tageszeitungen zu sogenannten Durchwanderer-Spenden aufgerufen werden. Die Finanzierung der Einrichtung wurde in den 1920er Jahren zunehmend schwerer.

Anfänglich kamen die meisten Flüchtlinge aus Polen – diese Situation änderte sich. Aus dem Durchwandererheim wurde mehr und mehr ein Obdachlosenheim für Berliner Juden. Im Dezember 1925 gab es folgende Meldung für die Wiesenstraße 55: 125 vorhandene Plätze für Männer, 25 für Frauen. Insgesamt waren von den Plätzen 74 von Männern und 16 von Kindern belegt. Laut offiziellen Angaben lebten in dem Heim keine Frauen und es konnten 50 bis 100 Personen sofort aufgenommen werden. Zu dieser Zeit nutzten auch Kleinbetriebe verfügbare Räumlichkeiten auf dem großen Areal. Ende 1926 übernahm die Stadt Berlin wieder die Wiesenburg, nahm bauliche Veränderungen vor und machte es zur Notunterkunft und zum Obdach für mittellose Frauen jeden Alters – als Ersatz für die heruntergekommene Asyl-Einrichtung „Palme“ in der Fröbelstraße, so der *Vorwärts* (16.01.1927).

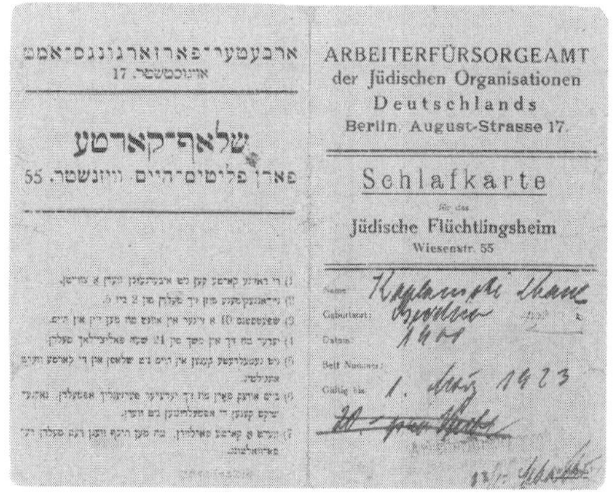

שלאף־קארטע

ARBEITERFÜRSORGEAMT
der Jüdischen Organisationen
Deutschlands
Berlin, August-Strasse 17.

Schlafkarte
für das
Jüdische Flüchtlingsheim
Wiesenstr. 55

Name:
Geburtsort:
Datum:
Bett Nummer:
Gültig bis: 1. Aug. 1923

Abb. 39: Schlafkarte für das Jüdische Flüchtlingsheim Wiesenstrasse, 1923.

Die 1920er Jahre stellten die Jüdische Gemeinde vor ganz neue Herausforderungen, denn Inflation, Hyperinflation, Arbeitslosigkeit und der Zusammenbruch der Wirtschaft trafen die jüdischen Menschen im Wedding besonders hart. Berlin war ein Industrie- und Produktionsstandort und insbesondere im Wedding gab es große Fabriken mit tausenden Arbeitern und Angestellten. Für viele spitzte sich die Situation nach dem Börsenkrach 1929 nochmals zu. Welche Hilfsangebote gab es für die jüdischen Anwohner? Das Bezirks-Wohlfahrtsamt Wedding der Jüdischen Gemeinde befand sich im

Jüdischen Krankenhaus (*Führer durch die jüdische Wohlfahrtspflege in Deutschland*, April 1928). Die Ansprechpartner waren Ernst Rosenbach, Rabbiner Siegfried Alexander und Mathilde Bock. Mathilde Bock war Vorstandsmitglied im Verein für jüdische Krankenpflegerinnen zu Berlin und Mitglied bei der Armenkommission der Jüdischen Gemeinde. Sie erhielt für ihre Dienste im Ersten Weltkrieg das Verdienstkreuz für Kriegshilfe und wohnte viele Jahre in der Reinickendorfer Straße 46. Die drei Ansprechpartner waren bestens mit der Situation der Bedürftigen vor Ort vertraut. Immer mittwochs von 19 bis 20 Uhr konnten sich Notleidende seelische Unterstützung und Beratung zu den Hilfsangeboten der Jüdischen Gemeinde holen. Darüber hinaus befand sich seit spätestens 1927/28 in der Badstraße 10 die Säuglingsfürsorgestelle mit täglichem Hilfsangebot von 13 bis 14 Uhr. Es war die einzige jüdische Säuglingsfürsorgestelle in ganz Berlin mit täglicher Sprechstunde. Für viele Jahre sollte die Adresse Badstraße 10 für jüdische Mütter aus dem armen Norden eine zentrale Anlaufstelle sein. Auch im *Führer durch die jüdische Gemeindeverwaltung und Wohlfahrtspflege in Deutschland 1932–33* wird die Badstraße 10 als Säuglingsfürsorgestelle geführt. Die Säuglingsfürsorgestelle bot eine ganzheitliche Beratung für Schwangere, etwa über Entbindungsmöglichkeiten, sie bot ebenso die Zuweisung von Wäsche sowie die Ausstellung von Attesten und Bezugskarten für spezielle Nahrungsmittel. Generell stand die Säuglings- und Kinderfürsorgestelle in engem Austausch mit den Entbindungsstationen wie der großen Frauenabteilung im Jüdischen Krankenhaus. Die Frauen erhielten im Jüdischen Krankenhaus überdies Beratung zu wirtschaftlichen Hilfen. An der gleichen Adresse, Badstraße 10, unterhielt bereits seit einigen Jahren der Bezirk Wedding eine Säuglings- und Kinderfürsorgestelle, mit einer Sprechzeit am Freitag von 17 bis 18 Uhr. Eine zweite vom Bezirk geleitete Einrichtung befand sich in der Utrechter Straße 30/31. Im Verwaltungsbericht der Stadt Berlin (1920/1924) stand über die dringende Notwendigkeit der Unterstützung von Schwangeren: „Wie wichtig gerade diese Fürsorge für den Verwaltungsbezirk Wedding war, beweisen zahlreiche Fälle, in denen für das zu erwartende Kind nicht ein einziges Wäschestück vorhanden war und die Hilfesuchenden aus eigenen Mitteln Wäsche nicht kaufen konnten." Ähnliche Fälle wird es auch bei jüdischen Frauen des Weddings und Gesundbrunnens gegeben haben.

Zwischen 1929 und 1931 änderte sich die Adresse des jüdischen Bezirks-Wohlfahrtsamts Wedding, denn es wurde vom Jüdischen Krankenhaus in die Gropiusstraße 4 verlegt. Für den Bezirk Wedding waren nun Ernst Rosenbach, Michaelis Leschnik und Rabbiner Dr. Siegfried Alexander zuständig. Die Beratungszeit wurde von einer Stunde auf zwei Stunden verdoppelt – statt 19 bis 20 Uhr nun 17 bis 19 Uhr. Rosenbach und Leschnik gehörten zum Verein Ahawas Achim, während Rabbiner Alexander sowohl zum Verein Ahawas Achim gehörte als auch der Religionsschullehrer für die jüdischen Kinder im Wedding und Gesundbrunnen und der Seelsorger im Jüdischen Krankenhaus war. Somit kannte vor allem er die notleidenden Familien, wusste, wo das Essen vielleicht nicht reichte oder wer dringend eine neue Winterjacke brauchte. Außerdem gab es ebenfalls in der Gropiusstraße 4 eine warme Küche, in der Mahlzeiten für Erwerbslose ausgegeben wurden. Auch gab es hier ein Betreuungsangebot für Jugendliche in den Abendstunden, was in den kalten Monaten besonders wichtig war. In Verbindung mit dem Jüdischen Bezirks-Wohlfahrtsamt Wedding unterstützte der Israelitische Frauenverein Wedding-Gesundbrunnen das soziale Hilfsangebot. An der Adresse Badstraße 40, der Wohnung von Frieda Mehler, gab es Kleidung und Beratung für Mütter. Nachdem bereits in den späten 1920er Jahren das Wohlfahrts- und Jugendfürsorgeamt der Jüdischen Gemeinde über alle Stadtteile ein vollkommen neues Hilfsangebot ausgebreitet hatte, kam in den 1930er Jahren ein Winterhilfe-Programm hinzu. Es wurde von Lebensmitteln wie Grundnahrungsmitteln über Kohlen bis hin zu Kleidung nahezu alles gebraucht. Die Finanzierung dieser Fürsorgeangebote musste die Jüdische Gemeinde ab 1935/36 selbst stemmen, was die Situation wesentlich schwerer machte. Im Wedding brauchten die jüdischen Bewohner besonders dringend Kohlen und warme Kleidung.

In erster Linie bekamen die mittellosen jüdischen Bewohner des Weddings und Gesundbrunnens durch die Jüdische Gemeinde und ihre Wohlfahrtsinitiativen sowie durch das Jüdische Krankenhaus Unterstützung. Vor allem schwangere Frauen fanden in den entsprechenden Anlaufstellen Beratung und Unterstützung. Auch der Religionsverein Ahawas Achim kümmerte sich um die Mitglieder mit geringem oder keinem Einkommen. Somit gab es für den Gesundbrunnen ein kleines und gut vernetztes Fürsorgeangebot. Schwieriger gestaltete sich die Situation für die entlang der Müllerstraße lebenden armen Juden, denn sowohl Einrichtungen der Jüdischen Gemeinde als auch private Vereine waren hier nicht vorhanden. Somit blieben die Armen in diesem Teil des Arbeiterbezirks unter sich und mussten versuchen, irgendwie durchzukommen. Womöglich nutzten jüdische Bürger auch andere Hilfsangebote vom Bezirk, erhielten vereinzelt Spenden von jüdischen Privatvereinen aus anderen Stadtteilen oder unterstützten sich gegenseitig.

Zusammenfassung

Mit Berlins Aufstieg in den Olymp der weltweiten Millionenmetropolen kam im Wedding alles Gefährliche, Verruchte und ganz Unbürgerliche an. Aus der vormals ländlichen Gegend wurden von Nebel und Lärm betäubte Straßenschluchten. Spielsüchtige, Prostituierte und Arbeiter mit Frust trieben sich auf den Plätzen herum. Es entstanden große Fabriken, die Mietskaserne wurde zur Blaupause für den Bezirk und immer mehr Menschen wohnten eng an eng. Die Sozialdemokratische Partei, die die Arbeiter bei ihrem Kampf für bessere Löhne, mehr Absicherung und geregelte Arbeitszeiten unterstützte, heizte die Stimmung im Arbeiterbezirk auf. Mal waren die schlechten Arbeitsbedingungen und geringen Löhne in den Fabriken und dann wieder die steigenden Preise für Lebensmittel, Personenbeförderung oder Mieten der Auslöser für Massenproteste, Unruhen und Straßenschlachten. Der Wedding war das gefährlichste Pflaster Berlins. Hierher zogen nur ganz wenige Juden. Sie hatten fast kein Hab und Gut dabei. Oftmals wohnten sie in einfachsten Verhältnissen, machten Akkordarbeit in den Fabriken, bekamen Kinder, für die das Essen und die Kleidung nicht reichten und versuchten sich eine Existenz aufzubauen.

Die elektrisierende Dynamik Berlins machte Grundstücke in der Innenstadt zum sicheren Anlagegut. Im Wedding war das Land um 1900 billig. Aus diesem Grund interessierte sich die Jüdische Gemeinde bezüglich der neuen Fürsorgeeinrichtungen für Areale in dem so gar nicht jüdischen Arbeiterbezirk. Es entstanden ein Altersheim und das modernste jüdische Krankenhaus mit Schwesternwohnheim. In beiden Gebäuden gab es Synagogen. Jüdisches Leben fand aber auch auf den Straßen des Weddings statt, in den Schulen, Geschäften, Cafés und Restaurants. Juden und Jüdinnen wohnten und arbeiteten rund um den Weddingplatz, Leopoldplatz und entlang der Badstraße. Insbesondere der Badstraßen-Kiez bildete zwischen Fabriken, Bahngleisen und der schmutzigen Panke eine kleine jüdische Welt für sich. In der Prinzenallee 87 stand die Synagoge des Vereins Ahawas Achim, entlang der Badstraße gelangten einige jüdische Kaufleute zu Wohlstand oder Ärzte bauten sich eine gutgehende Praxis auf und im Lessing-Gymnasium an der Pankstraße erhielten die jüdischen Schüler vom Vereinsrabbiner Religionsunterricht. Diese untereinander vernetzte jüdische Community zog neue Bewohner an und man konnte Ende der 1920er Jahre auf ein kleines Wunder zurückblicken: 30 Jahre Synagogenverein Ahawas Achim. Jedoch hatten es Juden im Wedding nicht leicht. Insbesondere die Kaufleute erlebten im Sommer 1919 eine bis dahin nicht gekannte antisemitisch aufgeheizte Stimmung. Es kam zu Geschäftsplünderungen und Ausschreitungen. Nach der Hyperinflation und Massenarbeitslosigkeit verschlechterte sich die Situation immer weiter und rasant. Eine zweite Welle noch extremerer Ausgrenzung jüdischen Lebens begann in den 1930er Jahren. Juden und Jüdinnen verloren ihren Beruf, Geschäfte wurden erst gemieden, dann zerstört und das Leben immer weiter eingeschränkt. Innerhalb kürzester Zeit wurde das mühsam Aufgebaute mit blinder Zerstörungswut vernichtet.

Auch wenn der Wedding – als komplettes Gegenteil zum Bayerischen Viertel oder anderen westlichen Stadtteilen – ein beschwerliches und entbehrungsreiches Leben für seine jüdischen Bewohner bereithielt, so sorgten neue Hilfsangebote wie die Krankenhausfürsorge, die Schwangerenberatung, die Jugendbetreuung, Kleiderkammern sowie persönliche Netzwerke auch für Hoffnung und Lebensmut. Sogar in den frühen 1930er Jahren schaffte es die Liberale Bewegung noch, die jüdischen Bewohner des Weddings zu begeistern, veranstaltete erstmals Gottesdienste, die Mitgliederzahl stieg und man glaubte an eine deutsch-jüdische Zukunft. Erst Mitte der

1930er Jahre verloren die jüdischen Bewohner ihren Optimismus: Im Strandbad Plötzensee war Juden der Zutritt verboten und der Ausschluss aus dem gesellschaftlichen Leben trieb manchen in den Selbstmord. Die Geschichte der jüdischen Bürger im Berliner Wedding hatte weder einen leichten Anfang noch ein Happy End, aber schöne Momente, an die es sich lohnt zu erinnern.

Nachwort

Die jüdischen Bewohner des Weddings waren arm und lebten am Rand der Gesellschaft. Viele haben kaum persönliche Nachlässe in Form von Briefen, Fotos oder Erinnerungen hinterlassen. Daher sind ihre Spuren fast ausgelöscht. In Zeitungsartikeln finden sich Hinweise auf die Entstehung jüdischen Lebens im Wedding, das natürlich noch viele unentdeckte Seiten hat. Somit ist dieses Buch ein Annäherungsversuch an die einstigen Lebensverhältnisse im Arbeiterbezirk.

Bereits bei der Recherche gab es bei biographischen Angaben Abweichungen, Ortsangaben wichen voneinander ab und auch Namen hatten unterschiedliche Schreibweisen. Nach besten Möglichkeiten wurde eine Geschichte rekonstruiert, die sich so oder so ähnlich im Arbeiterbezirk ereignete.

Vor allem diejenigen jüdischen Menschen, die an der Entstehung des jüdischen Weddings mitwirkten, starben meist noch vor dem Zweiten Weltkrieg. Oftmals war es die zweite Generation, die unter Flucht, Vertreibung, Zwangsarbeit und Deportation ihr Leben verlor oder sich nach dem Zweiten Weltkrieg zwecks Wiedergutmachung mit den zuständigen Behörden auseinandersetzte. Ihre Geschichte rekonstruiert das Buch: „Am Wedding haben sie gelebt."

Hier soll an alle jüdischen Bewohner des Weddings erinnert werden, an die heute niemand mehr denkt, weil es keine Nachlässe und kaum biographische Spuren gibt, aber auch an die Kaufleute, die im Wedding mutig ihr Glück suchten und an die jüdischen Kinder, die nie das Licht der Welt erblickten oder das erste Lebensjahr erreichten und in keinem Buch vorkommen.

Lebenserinnerungen Yisrael Alexander

Yisrael Alexander (geb. 1921, gest. 2005): Die Geschichten meines Lebens

Übersetzt aus dem Hebräischen von Jonathan Kaplan

Abb. 40: Yisrael Alexander in England, 1941.

Editorische Notiz

Der Text wurde behutsam dem heutigen Sprachgebrauch angepasst und manche den Satzbau vervollständigenden Wörter wurden hinzugefügt.

Yisrael Alexander ist der Sohn von Rabbiner Siegfried (Elieser) Alexander (geb. 1886, ermordet in Auschwitz 1943) und Adelheid (Ada) Alexander, geborene Ries, (geb. 1897, ermordet in Auschwitz 1943) und hat zwei Kinder: David und Leah. Das hier veröffentlichte erste Kapitel der Lebenserinnerungen von Yisrael Alexander wurde von David und Leah für dieses Buch zur Verfügung gestellt (Erstveröffentlichung).

Wir sind jetzt im Kislew 5763 (Jahr 2003). Oma und ich unterhalten uns. Unter anderem taucht wieder die Frage auf: „Was habe ich eigentlich in meinem Leben erreicht?" Schüler von mir sind heute Professoren, sie bekleiden wichtige Positionen. Ich habe Freunde, die auch wichtige Positionen einnehmen. Unser Sohn ist in angesehener Stellung – und ich bin ein einfacher Lehrer geblieben. Trotzdem habe ich keine Minderwertigkeitsgefühle. Wenn ich einen Schüler oder eine Schülerin von mir oder deren Eltern treffe, schwärmen sie – „was für ein toller Lehrer waren Sie" usw. –, dann habe ich ein gutes Gefühl. Es scheint also so, dass ich einen guten Eindruck auf die nachfolgenden Generationen hinterlassen habe, die ich zu erziehen versucht und auf ihr zukünftiges Leben vorbereitet habe. Darauf sagt meine liebe Frau Chaja-Klara – und nicht zum ersten Mal: „Du hättest Deine Lebensgeschichte aufschreiben sollen."

Und nun mache ich das – endlich.

Ich bin Yisrael, Sohn von Rabbiner Elieser Alexander und dessen Frau Ada, Tochter von Daniel Ries, Alexander. (Der doppelte „Alexander" macht nicht Wenige wahnsinnig. Wenn ich für das Tora-Vorlesen aufgerufen werde, denken sie, dass etwas mit mir „nicht ganz in Ordnung“ ist, denn wer erwähnt seinen Familiennamen zur Tora-Vorlesung?! Aber was kann ich tun? Der hebräische Name meines Avi Mori (Vater-Lehrer) war Elieser Alexander (ohne Bezug zum Familiennamen)).

Ich bin am 15. Tamuz 5681 (1921) in Berlin, Deutschland, geboren. Mein Avi Mori (Vater-Lehrer) war als Rabbiner in verschiedenen Gemeinden in Deutschland tätig, meine Imi Morati (Mutter-Lehrerin) war eine Hausfrau und Rabbiner-Frau. Meine Eltern bekamen noch zwei Töchter: Tina-Tova 5684 (1924), die im Jahr 5699 (1939) nach Palästina mit Hilfe der Organisation Alyat Hanoar immigriert ist, dort heiratete sie Asher Levin und bekam drei Söhne, viele Enkel und Enkelinnen und Urenkel und Urenkelinnen. Im Jahr 5759 (1999) ist Asher gestorben und sie starb ein Jahr nach ihm. Die beiden, alehem Hashalom (mögen sie in Frieden ruhen), sind in ihrem Moschaw Sdeh Jakob (genossenschaftliche Siedlung in Israel) beerdigt. Und Chana 5686 (Hana 1926), tivadel lechaim Arukim (möge Sie ein langes Leben haben), die heute im Kibbutz Sdot Yam mit ihrem Mann Elieser Goldwin wohnt, hat drei Töchter und Enkel und Enkelinnen.

Ich beginne am Ende, weil ich mir nicht sicher bin, dass ich in meinem Schreiben überhaupt zum Schlusspunkt kommen werde. Das Ende ist mir sehr wichtig, weil es eigentlich das Ziel meines Schreibens ist: die Botschaften meiner Lebensgeschichte – für alle, die diese Zeilen lesen werden. Die wichtigste Lektion, die ich gelernt habe, die mich bis heute begleitet, ist: Die Erkenntnis aller Weisen „Alles, was der Barmherzige tut, tut er zum Guten!“ gilt und ist präsent. Der Mensch denkt, wenn eine große Veränderung in seinem Leben passiert, dann ist es so, als ob er seine ganze Welt verliert, als ob das Ende seines Lebens gekommen wäre. Das ist falsch! Rückblickend scheint es fast immer so, dass alles zum Guten war! Das Leben geht weiter, auch wenn es ein anderer Weg ist, aber stets lohnt er sich! Deshalb – gebt nicht auf! Hinter jeder Wolke versteckt sich die Sonne. Die Wolke zieht vorbei und die Sonne strahlt in voller Pracht. (Wenn ich zu den Zeiten komme, in denen sich mein Leben total veränderte, dann werdet ihr verstehen, dass ich recht habe.)

Die zweite Botschaft: Vertraut niemandem, nur dem Kadosch Baruch Hu (Der Heilige, gesegnet sei er; eine Bezeichnung von Gott). Auch deine besten Freunde lassen dich genau in der Zeit im Stich, wenn du sie am meisten brauchst. In der Tat, in meinem ganzen Leben hatte ich nur einen Seelenverwandten, einen Freund, der mir näher war als ein Bruder – ein Bruder, den ich nie hatte! Dieser Junge hat nicht weit von uns in Berlin gewohnt, war ein Klassenkamerad von mir in der jüdischen Schule „Edat Israel" und hieß Dagobert Karmberg [Name unklar]. Nachdem ich die Schule und mein Elternhaus verlassen hatte, trennten sich unsere Wege. Ich habe gehört, er ist in der Schoah ermordet worden. Möge Gott sein Blut rächen.

Ich habe ein sehr enges Verhältnis zu meiner Familie: meine Frau, mein Sohn und meine Tochter, unsere Enkel und Enkelinnen, und nun auch Urenkel und Urenkelinnen. Auch die Lebenspartner und Lebenspartnerinnen von denen, die schon verheiratet sind, haben sich an mich gewöhnt und ich mich an sie. Alle liebe ich ohne Ende und ich glaube, dass diese Liebe gegenseitig ist.

Und nun meine dritte Botschaft: Kümmert euch um die Verbindungen zu eurer Kernfamilie. Vernachlässigt niemals die eigene Familie. In den letzten Jahren hat sich die Verbindung zu weiteren Familienmitgliedern verstärkt. Es kommt vermutlich mit dem Alter – ich werde jetzt nicht begründen, warum die Beziehung vorher eher lose war. Es ist schwieriger, aber ich versuche auch die Beziehungen zu weiter entfernten Familienmitgliedern zu pflegen.

Und jetzt beginne ich endlich meine Geschichte. Ich bin nicht so ein Typ wie diese, die sagen, sie erinnern sich an die Zeit, in der sie null Jahre alt waren (sowas kann gar nicht sein. Alles, was sie schreiben oder erzählen ist Bubb-meises (Jiddisch für Geschichten von Oma) oder es sind Dinge, die sie von ihren Eltern oder anderen Erwachsenen gehört haben). Ich werde nur erzählen, woran ich mich wirklich erinnere.

Unser Haus war ein „religiöses" Haus; in heutiger Betrachtung „modern-orthodox", d. h. ordentliche Schabbat-Observanz; Kaschrut (aber nicht streng bei „fremder Milch und fremdem Brot" – Milch oder Brot, das von Nichtjuden produziert wird –); Kopfbedeckung – wie es in Deutschland üblich war, draußen, bei Mahlzeiten, aber nicht immer in den Zimmern oder einem Saal. Meine Mutter hat ihre Haare nicht bedeckt. Ich habe mit meinem Vater nicht zusammen gesessen und Gemara (Teil des Talmuds) gelernt, aber es gab nichts, das ich nicht über die Rituale in der Synagoge und die unterschiedlichen Gebete wusste. Ich bezweifle sogar, dass Schüler in den national-religiösen Schulen oder sogar den Haredi-Schulen sich besser in den Themen auskannten als ich.

Zwei Bräuche gab es bei uns zuhause: Der eine war Birkat Habanim (Segen der Kinder), vom Vater gesagt, aber nicht nur an der Nacht von Kol Nidre (Abendgebet vor Jom Kippur), sondern auch an jedem Schabbat und den Feiertagabenden – Jungen aber natürlich auch Mädel! Apropos: Es gibt Jecke-Häuser, in denen auch die Mutter segnet! Ich setzte diese Tradition fort, solange meine Kinder, Enkelkinder und sogar Urenkelkinder bei uns am Schabbat oder Feiertagabend sind. Auch David und Leah segnen ihre Kinder. Leah macht das nach dem Entzünden der Kerze.

Unseren zweiten Brauch habe ich noch nie irgendwo erlebt: Wenn Hada, unsere Haushälterin, ein ganzes Brot schneiden wollte – auch am normalen Wochentag – rief sie meinen Vater oder mich – vielleicht auch Mama, ich weiß es nicht –, damit wir uns die Hände waschen und das Brot segnen. Mit diesem Brauch waren wir sehr streng – warum und wieso, dafür habe ich keine Erklärung.

Meine Imi Morati (Mutter-Lehrerin), möge Gott ihr Blut rächen, war eine sehr besondere Frau: Neben ihren Aufgaben als Rabbiner-Hausfrau setzte sie sich stundenlang hin und lernte. Am Anfang lernte sie fließend Hebräisch – ihr Lehrer war Herr Meir Mohar, möge sein Andenken ein Segen sein, Autor und Übersetzer, Vater vom israelischen Dichter Jechiel Mohar. Als sie die Sprache beherrschte, hat sie die ganze hebräische Literatur der Zeit gelesen. Sie hat den Tanach (Hebräische Bibel) und alle Kommentare gelernt. Dafür ist sie oftmals in die zentrale jüdische Bibliothek gefahren. Sie hat alle Mischne Tora des Rambam gelesen und alle sechs Ordnungen der Mischna – jedes Buch, das auf Hebräisch erschien. Aramäisch hat sie nicht gelernt. Darüber hinaus hat sie sich mit Chassidut (Chassidismus: jüdische religiös-mystische Strömung und Teil des ultraorthodoxen Judentums) beschäftigt – sie, die pure Jeckin! In ihren letzten Briefen an mich tauchen die Themen ihres Studiums auf. Und alles ohne universitäres Studium, ohne Universitätsabschluss, ohne Professur! Alles, was sie von sich selbst forderte, forderte sie auch von mir – leider das meiste – heute! – umsonst. Wie jeder Jugendliche habe auch ich meiner Mutter nicht zugehört.

Mein Avi Mori, möge Gott sein Blut rächen, war komplett anders. Er hat selten zuhause gesessen und studiert. Er war mit Öffentlichkeitsarbeit beschäftigt, mit seiner Gemeinde und seiner „Herde“: Bikur Cholim (Krankenbesuch) zu machen und Trauernde zu trösten (er ging die ganzen Shiva-Tage zum Minjan der Trauernden!). Er nahm an fröhlichen genauso wie an traurigen Veranstaltungen von jedem, den er kannte, teil, und selbstverständlich von jedem aus seiner Gemeinde. Papa unterrichtete die Tora in Gymnasien in der Umgebung und leitete die Schule für jüdische Kinder zwei Mal die Woche nachmittags. Er mochte es auch, ins Theater oder zu Konzerten zu gehen. Manchmal hielt er auch eine Vorlesung in unterschiedlichen Kreisen. Kurzum: Er war stets sehr beschäftigt. Man darf nicht vergessen, dass seine Hauptbeschäftigung in der Synagoge war: An zwei Schabbat-Tagen im Monat gab er eine Schrifterklärung ab, hielt also eine Predigt über die Paraschat Haschawua (Leseabschnitte in der Tora). Manchmal gab er auch eine Predigt zu alltäglichen Themen. In diesen Predigten erwähnte er immer ein Ereignis aus dem Leben der Synagogenbesucher: einen runden Geburtstag von einem alten Mann oder einer alten Dame, die Geburt eines Jungen oder Mädchens, eine Hochzeit oder er tröstete eine trauernde Familie. An Feiertagen predigte er am ersten und am letzten Tag, an Rosch ha-Schana dreimal: in der ersten Nacht und an den zwei Tagen; an Jom Kippur auch dreimal: in der Nacht von „Kol Nidre" vor dem „Haskarat Neschamot" (Gebet in Erinnerung an die Toten) und vor dem „Neilah" (Abschlussgebet Jom Kippur). Wie ihm dies alles jedes Jahr wieder gelungen ist, ist mir heute unklar. Jede Predigt und jede Rede hat er im Voraus aufgeschrieben (ohne Computer und auch ohne Schreibmaschine!). Er war immer vorbereitet und hat sie nicht vom Papier vorgelesen.

Meine Mutter habe ich geliebt, wie eine Mutter geliebt werden soll, manchmal habe ich sie missachtet, wie es einer Mutter auch passiert. Gegenüber meinem Vater hatte ich großen Respekt (keine Furcht, sondern Ehrfurcht!). Ich war sehr stolz auf ihn. Ich habe es geliebt, ihn als Rabbiner zu sehen: mit seinen „Cohen-Klamotten", einem schwarzen Umhang (nur am einfachen Schabbat, denn an Feiertagen war es ein Umhang mit samtgeschmückten Ärmeln und Vorderteil) und einem quadratischen Hut. Er trug auch eine spezielle Krawatte (nur wenige Rabbiner trugen diese, weil sie an protestantische Priester erinnerte). Darauf trug er einen Tallit aus Seide, gefaltet wie ein Schal. Ohne Umhang trug er einen großen normalen Tallit aus Wolle. Auch der Kittel war mit dem gleichen Muster wie der Umhang, aber darüber trug er einen Tallit aus Wolle. Nur wenn er eine Predigt hielt, zog er den Seiden-Tallit an.

Woran ich mich im Zusammenhang mit der Bekleidung meines Vaters erinnere, ist folgendes Ereignis: Es war am Ende seiner Predigt und vor der Neilah. Diese Predigt war immer die berührendste und kürzeste Predigt. An deren Ende hob mein Vater seine Hände hoch, um das Publikum zu segnen (nicht wie Kohanim, sondern einfach die Hände hoch). Es ist unüblich, den Mann anzuschauen, der segnet, weil nicht er, sondern die Schechina (ein Wort für Gott, „Einwohnung“ oder „Wohnstatt“ Gottes) über die Hände des Mannes segnet. Diesmal gab es das Glück, dass einer der Gabbaim (Laienvorsteher der Synagoge) diese Tradition ignorierte und bemerkte, wie die breiten Ärmel von Papas Umhang die großen Kerzen berührten, was auch Papa gar nicht mitbekommen hatte. Er ging schnell zu meinem Vater und nahm die Ärmel aus der Flamme raus – so hat er Papa vor einer großen Verletzung gerettet.

Es gab eine weitere Begebenheit, die ich sehr mochte: Wenn Papa zu einer Hochzeit musste, dann wurde er von einem Taxi abgeholt und zur Synagoge gefahren. In so einem Fall trug er schon seinen Umhang. Nach Hause nahm er den öffentlichen Verkehr. Deshalb brauchte er dann seine Jacke und den Hut. Diese haben wir in einen kleinen Koffer gepackt, den ich mit dem öffentlichen Verkehr in die Synagoge brachte. Besonders groß war meine Freude, wenn er eine Hochzeit in der Neuen Synagoge an der Oranienburger Straße hatte – die Synagoge, die im Weltkrieg zerstört und vor kurzem saniert wurde. In meiner Jugend war sie die schönste und eleganteste in Berlin.

Warum habe ich mich dort so vergnügt? Nachdem die Gäste auf ihren Plätzen saßen, wurden die Gänge mit Seilen abgesperrt und die, die zu spät kamen, mussten hinten sitzen. Und nun kommt ein „junger Bursche mit einem Koffer“ vorbei und öffnet sich – mit Chuzpe (Unverschämtheit) – den Gang. Der Schamasch (Synagogendiener): „Hier kannst Du nicht vorbeigehen!“ Der Junge: „Ich muss.

Ich bringe meinem Vater, dem Rabbiner, seinen Mantel." „Achso, das ist in Ordnung, bitte." Und der Junge spaziert – mit großem Hochmut – zwischen den Anwesenden ins Zimmer der Rebbe, ganz vorne in der Synagoge. Von dort bin ich hoch zum Organisten und der Orgel gegangen. Dies war die größte Orgel in Berlin: 3000 Pfeifen, von der kleinsten, von wenigen Zentimetern, bis zur größten und breitesten, ein paar Meter groß. Der Organist war blind, nichtjüdisch. Wie er sich die Werke von Lewandowski und von den anderen Gebetskomponisten zu spielen beigebracht hatte, ist mir noch heute ein Rätsel. Ich saß neben ihm, hörte seinem Orgelspiel zu – auch habe ich von ihm etwas über die Orgel gelernt und wie man sie spielt.

Wir haben in vier unterschiedlichen Wohnungen gewohnt: zuerst an der Badstraße 44. Danach sind wir auf die andere Straßenseite umgezogen, in die Hausnummer 38. Von dort sind wir in eine größere Wohnung im Verwaltungsgebäude des Jüdischen Krankenhauses in der Iranischen Straße gezogen. Wir haben diese Wohnung bekommen, weil Papa unter anderem Seelsorger im Krankenhaus war – wie ein Sozialarbeiter, eine Person, die kranke und ältere Menschen besucht, sich deren Geschichten anhört und versucht, sie aufzumuntern. Sogar am Schabbat-Abend, während des Schabbat-Essens, hat jemand vom Krankenhaus bei uns geklingelt und meinen Vater zu einem Mann ans Sterbebett geholt – er blieb die ganze Nacht bei ihm. In dieser Wohnung haben wir in der Zeit meiner Bar Mizwa gewohnt.

Eine Geschichte über meine Bar Mizwa. Natürlich habe ich die ganze Parascha vorgelesen. Ich habe schon mit zehn angefangen in der Tora zu lesen. Ich habe ab und zu beim Jugendgottesdienst vorgelesen – einige Samstage im Jahr gab es Mincha-Gebete (Nachmittagsgebete), von Kindern und Jugendlichen und für sie. Deswegen konnte ich mich selbständig für meine Bar Mizwa vorbereiten (genauso wie es unser Onkel vor seiner Bar Mizwa gemacht hat). Die

Haftara hat mich mein Großvater Wilhelm, der Vater meines Vaters, gelehrt. Er fing damit schon ein Jahr vorher an – falls wir es nicht schaffen würden. Vor uns standen zwei Probleme: die Kleidung und mein Verhalten in der Synagoge. Die Kleidung: Ich wollte keine lange Hose anziehen. Kurze Hose und normale Socken waren unpassend für so einen Anlass. Ich trug also kurze Hose und weiße Socken bis zu den Knien. Das Problem mit dem Verhalten: Es ist üblich, dass der Rabbiner – mein Vater, möge Gott sein Blut rächen – am Ende der Tora-Vorlesungen das Kind segnet. In unserer Synagoge gab es keine Bühne in der Mitte des Saals, sondern eine vorne in der Nähe des Toraschreins, zu der fünf bis sechs Treppen von der Gebets- und Vorlesungsbühne führten, die auch eine ähnliche Zahl von Treppen hatte. Der Rabbiner stand oben vor dem Toraschrein und das Kind stand vor ihm, unten am Lesepult. Nach seiner Rede ging der Rabbiner herunter in Richtung des Kindes, gab ihm seine Hand und gab ihm das Geschenk. Unser Problem: Der Rabbiner ist mein Vater. Die Hand einfach so zu reichen, sieht ein bisschen komisch aus. Ihn da oben zu küssen, das ist auch unangemessen. Die Lösung: Ich habe meine Hand gereicht und seine Hand geküsst. Dies waren unsere Probleme damals – vor dem schrecklichen Holocaust.

Zurück zur Wohnsituation. Vom Krankenhaus sind wir, ich weiß nicht warum, zur letzten Wohnung an der Koloniestraße 13 umgezogen, in der ich mit meinen Eltern gewohnt habe. Später habe ich erfahren, dass diese nicht die letzte Wohnung meiner Eltern, möge Gott ihr Blut rächen, war, bevor sie im Jahr 5703 (März 1943) nach Auschwitz zum Tode deportiert wurden.

In einen Kindergarten bin ich nie gegangen (ich weiß nicht, ob Kinder damals überhaupt in einen Kindergarten gegangen sind). Wir hatten eine Haushälterin, Hedwig Schrott, die im Haushalt geholfen hat und sich um uns kümmerte. Das war bis zum Jahr 1935 so, in dem das Nazi-Regime die Arbeit von Nichtjuden in jüdischen

Haushalten verboten hat. Sie war streng katholisch, ledig, eine liebliche Frau. Auch in der Zeit, in der es verboten war, Kontakte zwischen Juden und Deutschen zu haben, hat sie meinen Eltern, möge Gott ihr Blut rächen, geholfen und damit ihr eigenes Leben in Gefahr gebracht. Nachdem sie uns verlassen hatte, heiratete sie und bekam drei Kinder. Sie lebte bis zum hohen Alter – über 90 denke ich – und wir haben sie nochmal während unseres Besuches in Berlin im Jahr 5744 (1984) getroffen.

Die erste Schule, die ich besuchte, war die Volksschule (wie eine Grundschule) in unserem Wohnviertel. In der Schule gab es zwei Ausbildungswege: entweder vier Jahre und dann ins Gymnasium oder acht Jahre und dann zur Arbeit. Schon als Kind war ich intelligent – wie heute, hm hm. Deswegen wechselte ich nach vier Jahren zum Lessing-Gymnasium. Dies war eine Schule, in der man Latein schon im ersten Jahr lernte, nach drei Jahren auch Griechisch und im vierten oder fünften Jahr auch Französisch oder Englisch – das war abhängig von der Beziehung zwischen den Ländern: Wenn die Beziehung zu England gut war, lernte man Englisch; war sie mit Frankreich gut, lernte man Französisch. Es gab auch eine weitere Art von Gymnasium, das Realgymnasium, in dem alte Sprachen nicht unterrichtet wurden, sondern nur Englisch und Französisch, und der Fokus lag eher auf Wissenschaften.

Das Lessing-Gymnasium habe ich in der Zeit besucht, in der die Nazis an die Macht kamen. Das war keine einfache Zeit für mich. Es gab überzeugte Nazi-Lehrer, die die jüdischen Schüler mit Spott, Erniedrigungen und sogar mit schlechten Noten bestraften. Die Schüler haben von den Lehrern gelernt und wie gesagt: Die Lage war sehr unangenehm. Deswegen holten meine Eltern mich aus dieser Schule heraus und ich wechselte zur religiösen Schule Adass Jisroel im Westen von Berlin – Siegmundshof, Hansaviertel. Dorthin musste ich mit der S-Bahn fahren – ähnlich Londons Untergrund-Bahn, wenn sie raus aus dem Tunnel kommt, zum Beispiel bei Golders Green. Das war eine ziemlich lange Fahrt: Viertelstunde zu Fuß von zuhause bis zur Bahnstation und etwa 40 Minuten Bahnfahrt.

Apropos: Am nichtjüdischen Gymnasium gab mein Vater den jüdischen Schülern Tora-Unterricht – ein bis zwei Stunden die Woche! Eine Anekdote von dort: Mein Vater hat mich mal gefragt: „Wie viele Jahre arbeitete Jakob für Laban?“ Weil ich die Antwort nicht wusste, musste ich das ganze Bibel-Kapitel auf Deutsch auswendig lernen, zwei Seiten. Heute weiß ich die Antwort!

In der Schule Adass Jisroel war ich bis ein Jahr vor dem Abitur. Warum ich aufgehört habe, erkläre ich später. Dort haben wir noch Latein gelernt, aber kein Griechisch; stattdessen sowohl Englisch als auch Französisch – nicht, dass ich mich viel erinnere, was ich von diesen Sprachen überhaupt gelernt habe. In dieser jüdisch-religiösen Schule lernten wir natürlich auch die Tora. Aber interessant ist: Nur in diesem Unterricht saßen wir im Klassenraum mit einer Kopfbedeckung! In allen anderen Unterrichtsstunden war es verboten, den Kopf zu bedecken! Was nicht zu unserer Religion passt!

Unser Musiklehrer, Hans Freyhan, war der, der bei mir die Liebe zur Musik entzündete. Ich habe schon einige Jahre das Klavier gespielt – ohne richtig Unterricht gehabt zu haben! Mein Lehrer war wie ein Lehrbuch, von dem schon meine Mutter das Spielen gelernt hatte. Ich verbrachte viele Stunden vor dem Klavier. Hätte ich richtigen Unterricht bekommen, dann wäre ich ein guter Pianist geworden. Mein allgemeines Wissen über alle Bereiche der Musik lernte ich von Herrn Freyhan. Meine Freunde haben ihn verspottet. Ich habe auf jeden Unterricht mit großer Vorfreude gewartet. Er saß am Klavier und hat uns ganze Opern vorgespielt: Er hat alle Rollen gespielt und gesungen – und manchmal, aus Ergriffenheit, standen ihm Tränen in den Augen –, das habe ich vermutlich von ihm geerbt! Wegen seinem Unterricht habe ich zwei Opern geschaut, noch als

Jugendlicher: „Der Freischütz“ von Weber und „Der Fliegende Holländer“ von Wagner – damals haben wir Wagner noch nicht boykottiert.

Als wir 14 wurden, begannen die Lehrer uns mit „Sie“ anzusprechen statt „Du“, wie üblich mit Kindern und Schülern. Ich habe meinen Eltern verkündet, ich will rauchen. Papa lehnte das völlig ab. Mama, in ihrer großen Weisheit, sagte: „Verbieten wir ihm das Rauchen, wird er heimlich rauchen und Geld verschwenden. Wir sollten es unter zwei Bedingungen erlauben: a. nur zuhause, b. nur die Zigaretten, die zuhause zu finden sind – ohne Geld auszugeben.“ Ich hatte schon gar keine Lust mehr zu rauchen! Ich habe noch einmal geraucht, eine Woche lang, bei der Hachschara (Vorbereitung zur Auswanderung nach Palästina), und dann habe ich entschieden, dass das Rauchen nichts bringt, und habe es ganz und gar aufgehört. Auch später habe ich nie wieder geraucht.

Unsere Schule existiert nicht mehr. An ihrer Stelle haben die Deutschen ein anderes Haus gebaut. Vor ein paar Jahren entschieden die Absolventen der Schule und die Gemeinde, ein Denkmal in Erinnerung an die Schule und die ganze Gemeinde zu errichten, gegenüber dem neuen Gebäude. Ich war nicht bei dieser Veranstaltung.

Auf Wunsch meiner lieben Tochter Leah ergänze ich jetzt ein paar Episoden aus meiner Kindheit und Beschreibungen meiner Großväter und Großmütter und Onkel und Tanten, mögen sie in Frieden ruhen. Über meine Eltern, mögen sie in Frieden ruhen, können Sie etwas in einem Sammelband ihrer Briefwechsel zwischen meinen Büchern finden. Dazu gibt es auch eine Kassette von Spielberg, wo ich über mich und mein Elternhaus berichtete – Zusatzmaterial für diese Erinnerungen.

In unserer Synagoge saß ich allein, weil Papa auf dem Rabbinerstuhl vorne saß. Bei jeder Predigt an den Feiertagen, in der es ein Yizkor (Gedenkgebet) gab, ärgerte er sich über die Jugendlichen, die so früh aus der Synagoge herausgingen, vor allem, wenn deren Eltern noch am Leben waren. Einmal, als Yizkor begann, sagten Leute neben mir: „Wir müssen raus. Geh raus!“ Und so ging ich auch raus. Am Ende seiner Predigt kam mein Vater zu mir – ich war schon wieder zurück – und gab mir vor allen Anwesenden eine laute Backpfeife.

„Wenn ich sage ‚nicht rausgehen‘, dann gehst Du nicht raus.“ Ich muss dazu sagen: An diesem Tag habe ich meinen Vater nicht gehasst. Ich habe keine Komplexe bekommen oder anderen Quatsch von heutzutage. Ich habe es verstanden: Eine Anweisung des Vaters darf nicht gebrochen werden. Es gibt noch ein Fazit aus dieser Geschichte: Meine Kinder sind nie aus der Synagoge während Yizkor rausgegangen; gegen diesen dummen Brauch kämpfe ich noch bis heute. Heutzutage ist erreicht worden, dass auch für solche ein Gebet gesprochen wird, deren Eltern noch am Leben sind, ein Gebet, das diese Leute während Yizkor sagen können, sie müssen dann nicht aufstehen und rausgehen. Und das noch: Leah, unsere Tochter, geht den Wegen ihrer Großeltern – ohne es zu wissen: Sie kämpft gegen alle ihre Gegner –, ihre Kinder, mögen sie 120 Jahre leben, bleiben in der Synagoge.

Eine weitere Anekdote aus der Synagoge: Im Alter von 13 oder 14 habe ich mich zum ersten Mal in meinem Leben dafür entschieden, einen Chor zu gründen. Ich habe ein paar von den Synagogenkindern versammelt und ihnen die Melodien der unterschiedlichen Gebete beigebracht. Wenn ich mich nicht irre, haben wir Unisono gesungen. Als wir so weit waren, vereinbarten wir einen Termin am Schabbat-Abend, an dem wir auftreten wollten. Wir haben es niemandem erzählt – eine volle Überraschung für alle Synagogenbesucher.

Wir sind auf die Empore über den Toraschrein gegangen. Unten stand eines von den Kindern und als der Kantor aus seinem Zimmer kam, hat es mir ein Zeichen gegeben und wir haben mit einem ohrenbetäubenden „Ma Towu“ von Lewandowski eröffnet. So haben wir den ganzen Schabbat-Abend Gebete begleitet, in einer Weise, die mich sehr erfreute und mich sehr stolz auf mich gemacht hat. Am Ende des Gebets ging ich ins Zimmer des Kantors und da erwartete mich eine kalte Dusche! „Wieso macht ihr sowas, ohne erstmal mich zu fragen?!“, und so weiter und sofort – statt sich über diese Initiative zu freuen. Trotzdem traf sich der Chor weiterhin – ich glaube, bis ich zur Hachschara gegangen bin.

Ich habe noch einmal einen Synagogenchor dirigiert, einen Kinderchor: am Unabhängigkeitstag und zu den hohen Feiertagen Rosch ha-Schana und Jom Kippur in der großen Synagoge in Raanana mit dem Kantor Kolker. Es war ungefähr in den fünfziger Jahren des letzten Jahrhunderts. Dieser Chor sang zweistimmig.

Ich habe noch eine laute Backpfeife von meinem Avi Mori (Vater-Lehrer), möge Gott sein Blut rächen, bekommen – auch die war aus seiner Sicht berechtigt und ohne jede Reaktion von mir. In der achten oder neunten Klasse hatten wir einen Französischlehrer – jung, immer sehr modisch bekleidet –, der uns ein Vorbild und sehr beliebt war. Es war Chanukka. Wir haben eine Klassenfeier mit unserem Klassenlehrer in der Schule veranstaltet, aber auch die anderen Lehrer wurden eingeladen. Nach der Party begleiteten wir den jungen Lehrer auf seinem Heimweg, statt in die Bahn einzusteigen und direkt nach Hause zu fahren! Wir sind über den Park hinter der Schule in Richtung einer entfernten Bahnstation gelaufen. Dort, statt uns endlich zu verabschieden, hat uns der Lehrer (!!) vorgeschlagen, in eine Bar zu gehen und uns ein bisschen zu amüsieren. Wir haben gerne zugestimmt. Wir waren zu zehnt. Wir haben uns an einen langen Tisch gesetzt und Getränke bestellt: steifen Grog (heißer Tee mit Rum – ein Getränk, das in kalten Wintertagen oft getrunken wird). So saßen wir dort einige Stunden. Was haben wir getan? Gar nichts. Wir haben gesessen, gequatscht, getrunken und geraucht, bis der Lehrer sich entschloss: „genug". Ich bin in die Tram nach Hause eingestiegen und auf dem ganzen Weg (etwa 45 Minuten) war mir schon klar, was mich zuhause erwartet; die Zeit, es war ein Uhr nach Mitternacht! Und zuhause wussten sie nicht, was passiert war, und machten sich natürlich große Sorgen. Es war auch unannehmbar, im Gegensatz zu heute, in meinem Alter in der Nacht so herumzulaufen! Einen Türschlüssel hatte ich nicht mit. Ich habe geklingelt, die Tür öffnete sich, da stand Papa in seiner Robe und seine ausgestreckte Hand fand ihr Ziel auf meiner Backe. Glauben Sie mir: So einen Streich habe ich nie wieder gemacht.

Die Großväter und die Großmütter: Die Eltern von Mama, möge Gott ihr Blut rächen, waren Oma Betty und Opa Dani Ries. Oma war eine wirklich wunderbare Frau. Wir haben sie sehr geliebt – wie unsere Enkelkinder und Urenkelkinder deren Oma Chaja lieben. Als Opa starb, wollten wir Kinder, dass sie zu uns zieht. Omas Antwort: „Auf gar keinen Fall. Ich werde zu Besuch kommen, aber mit euch zusammen zu wohnen, das ist ungesund." Wie recht hatte sie! – Damals waren wir enttäuscht. Opa war ein dicker runder Mann, er rauchte schwarze Zigarren und spielte Skat in einem der Cafés. Wenn man ihn gesucht hat, dann war er dort mit seinen Freunden zum Spielen. Bis zur großen Inflation der zwanziger Jahre des letzten Jahrhunderts waren sie sehr vermögend. In der Inflation haben sie alles verloren. Trotzdem erinnere ich mich an ihre riesige Wohnung in Moabit. In der Wohnung gab es zwei Schlafzimmer sehr weit voneinander entfernt – verbunden mit einem sehr langen Korridor, weil Oma das ungeheure Schnarchen von Opa nicht aushalten konnte. „Unser Judah ist ein Baby im Vergleich zu ihm", so Oma. Auch als sie in eine winzige Wohnung mit zwei Zimmern umgezogen sind, haben sie getrennt geschlafen. In der Wohnung in Moabit gab es ein riesiges Esszimmer und daneben den Salon mit sehr feinen Möbelstücken – zu gefährlich, um sich darauf zu setzen. Dieses Zimmer war normalerweise zugeschlossen, auf die Teppiche wurde Zeitungspapier gelegt und auf die Möbel Tischdecken. Für uns, die kleinen Kinder, war dieses Zimmer ein magisches Zimmer aus einer anderen Zeit. Am anderen Ende des langen Korridors war die Küche, in der eine gelernte Köchin alle Speisen zubereitete. Wie wurde das Essen nicht kalt, bis es das Esszimmer erreichte?

Ich erinnere mich an ein Ereignis in dieser Wohnung: Opas 60. Geburtstag: eine sehr festliche Luxus-Veranstaltung. Aus dieser riesigen Wohnung sind sie in eine bescheidene Wohnung umgezogen; nah bei uns. Die Zimmer waren so klein, dass sie sämtliche Möbel verkaufen mussten, weil nichts davon in diese Wohnung reingepasst hätte. Als sie in unserer Gegend wohnten, betete Opa in unserer Synagoge. Jeden Schabbat-Abend, wenn die Synagogenbesucher sich mit dem Gesang „Komm in Frieden" Richtung Eingang wendeten, öffnete sich die Tür – und Opa kam rein, zur großen Freude für uns Kinder, die darauf warteten.

Einen Witz, den Opa immer wiederholte: Oma hat ihn zur Post geschickt, um einen Brief oder eine Postkarte zu versenden. Die Postfächer in Berlin hatten zwei Klappen auf zwei Seiten der Kästen – nur für die Bequemlichkeit des Absenders. Opa kam nach Hause zurück. Oma: „Hast Du den Brief/die Postkarte verschickt?" Opas Antwort: „Oy vey, ich habe ihn/sie in die falsche Seite des Postfachs gesteckt." Opa starb nach einer Krankheit. Ich wohnte noch zuhause. Oma wurde nach Riga deportiert, möge Gott ihr Blut rächen. Ich war schon in England.

Die Eltern meines Vaters, möge Gott ihr Blut rächen, waren komplett anders: Opa Wilhelm und Oma Friedchen Alexander. Oma war nicht Papas Mutter. Seine Mutter starb viele Jahre zuvor. Die Oma, die wir kannten, war die zweite Frau von Opa und sie war nicht gesund. Ich weiß nicht, was sie hatte. Ich vermute, sie war gelähmt. Auf jeden Fall haben wir sie nie auf einem Stuhl gesehen, nur in ihrem Bett. Opa war ein sehr ernsthafter Mensch. Jeden Sonntag hat er eine Besuchstour zwischen seinen drei Söhnen gemacht: Zuerst kam er zu uns, wollte wissen, wie es uns geht, hat Weinbrand getrunken und ist weitergefahren – fahren bedeutet, er nahm die Tram. Von uns ist er zu Onkel Hugo gefahren (die Eltern von Rabbi Ted) und von dort zu Onkel Erich (dem jüngsten der drei Brüder). Opa und Oma haben in einer großzügigen Wohnung am Wörther Platz in Berlin-Mitte gewohnt. Manchmal holte Opa einen von seinen Enkel/innen zu sich nach Hause. Wenn ich und auch meine Cousine, die Tochter von Onkel Erich, Irmtraud, dran waren, musste ich mit ihr gehen und ihr meine Hand geben. Wie ich das gehasst habe! In Opas Wohnung gab es ein riesiges Buch. Es lag auf einer sehr großen Truhe aus feinem Holz – eine Truhe ähnlich der, die der Kantor auf seinem Tisch hatte. Damals wussten wir nicht, was das für ein Buch ist. Ich wusste nur, es ist ein Buch mit wunderschönen Bildern. Jedes Mal, wenn wir bei Opa waren, haben wir das Buch durchgeblättert. Später habe ich erfahren, dass es die Doré-Bibel war – die Bibel in deutscher Übersetzung mit den Gemälden von Doré. Was für ein wunderbares Buch!

Opa war ein ausgezeichneter Schofarbläser. Sein Schofar war geradlinig und lang. In der Woche vor Rosch ha-Schana, bei seinem wöchentlichen Besuch, hat er sein Schofar mitgebracht und geblasen – in jedem Haus seiner Kinder – 10 Stimmen. In der Synagoge hat er etwas gemacht, was ich nie zuvor gehört habe: Wenn der erste Tag von Rosch ha-Schana am Schabbat stattfand, hat er am zweiten Tag, am Ende des Gebets, geblasen – nochmal 100 Stimmen! Er hat auch mit 80 Jahren noch geblasen! Und jeden Ton genau richtig getroffen.

Oma ist gestorben, während ich noch zuhause wohnte. Nach ihrem Tod kam Opa für kurze Zeit zu uns. Bei uns war es so, dass der

Vater seine Kinder am Schabbat und am Feiertag segnete – nicht nur in der Nacht von Kol Nidre. Diesen Brauch setze ich bis heute fort; auch bei unseren Enkeln und Urenkeln; und ich freue mich, dass David und Leah diese Tradition fortsetzen. Am ersten Schabbat-Abend mit Opa hat er meinen Vater gesegnet. Da stand mir der Mund weit offen: Unser Vater segnet uns, aber er, der große und wichtige Mann, wird auch gesegnet?! Meine Verwunderung war groß. Später zog Opa ins Altersheim in unserer Gegend. Dort starb er im hohen Alter eines natürlichen Todes. Damals war ich schon nicht mehr in Deutschland.

Die Onkel und die Tanten: Mama hatte eine Schwester und einen Bruder. Tante Kaethe war geschieden und hatte zwei Söhne. Sie immigrierten in die USA und starben dort. Mit den Söhnen hatten wir keinen Kontakt – ich habe keine Informationen darüber, was mit ihnen passierte. Tante Kaethe haben wir einmal in Israel getroffen, als es ein Fest im Haus Ries gab. Der Bruder, Onkel Fritz-Uri, heiratete Tante Friedl-Schulamit und sie haben einen Sohn, Dani. Onkel Uri war bis zu seiner Rente ein sehr engagierter Sozialarbeiter. Als wir nach Israel kamen, wohnten sie am Eingang von Bnei-Brak, obwohl Onkel Uri als Erwachsener nur einmal die Synagoge besucht hatte, und zwar für die Bar-Mizwa-Feier von Dani – der auch nicht zu den regelmäßigen Synagogenbesuchern zählte. Beide sind in ihren 70er Jahren gestorben, möge ihr Andenken ein Segen sein. Dani war ein sehr erfolgreicher Anwalt, er heiratete Ita, sie haben zwei Töchter und zwei Enkelinnen. Er ist ein wahres Beispiel für den Spruch, dass man trotz aller Erfolge, des Geldes und des Reichtums der Welt nicht für die Gesundheit bezahlen kann. In relativ jungem Alter entwickelte er Muskelschwund. Heute ist er bettlägerig und das einzige Organ, das noch funktioniert – und zwar wirklich funktioniert –, ist das Gehirn. Möge Gott ihn und seine ganze Familie erlösen!

Papa hatte eine Schwester, die ich gar nicht kannte, weil sie bereits in jungem Alter starb. Ich habe seine zwei Brüder gekannt: Onkel Hugo und Onkel Erich. Onkel Hugo heiratete Tante Kaethe – nicht die Schwester meiner Mutter! Und bekam zwei Kinder: Ted und Gerda. Die ganze Familie zog von Berlin nach Shanghai. Dort heiratete Gerda einen Rabbiner der Mir-Jeschiwa, Rabbiner Michael Abramtschik. Sie zogen nach Chicago und leben dort mit Urenkelkindern, vielen Enkel/innen und Urenkel/innen. Rabi Michael starb dort vor Schawuot diesen Jahres (2003) und wurde in Israel in Beit-Shemesh auf dem Friedhof für Juden aus den USA begraben, möge sein Andenken ein Segen sein. Der Onkel und die Tante zogen – über Flüchtlingslager in Deutschland!!! – nach San Francisco und dort starben sie. Sie haben Israel ein einziges Mal besucht, nicht um das Heilige Land zu besichtigen, sondern nur um die Familie zu sehen! Ted, in Deutschland hieß er Theo-Rolf, ist mit Gertrud verheiratet. Sie wohnen in der Nähe von San Francisco. Dort ist Ted als Rabbiner in einer konservativen Synagoge tätig. Sie haben eine Tochter Leslie, die mit Ken verheiratet ist, und zwei Enkelinnen. Der Beruf von Leslie (sie behielt trotz der Ehe den Nachnamen Alexander): Konservativer Rabbiner (nicht Rabbinerin)!

Onkel Hugo war ein Händler und Onkel Erich war Zahnarzt. Er war mit Tante Betty verheiratet und die beiden hatten eine Tochter, Irmtraud. Onkel Erich starb in ziemlich jungem Alter und seine Witwe und Tochter immigrierten nach Uruguay. Dort starben beide sehr einsam.

Und nun kehre ich zu meiner Lebensgeschichte zurück.

Es war im Frühling 5698 (1938). Eines Abends besuchten uns zwei ehemalige Schüler von Papa. Im Laufe des Gesprächs haben sie mich über meine weiteren Pläne befragt. Ursprünglich wollte ich den Weg von Papa gehen und Rabbiner werden. Aber ich habe verstanden, dass es bei den damaligen Umständen in Deutschland unmöglich war. Deshalb habe ich mich entschieden, Lehramt zu studieren und Geld zu verdienen und vielleicht später eine Rabbinerausbildung zu machen (all das konnte ich erst in eineinhalb Jahren machen, nach dem Abitur). Ich habe ihnen von meinen Plänen erzählt. Die beiden haben mit mir geschimpft: „Und was wird passieren, wenn ihr aus Deutschland vertrieben werdet? Was wirst du dann machen, um deinen Eltern finanziell zu helfen? Verlass die Schule und geh einen Beruf ausüben, von dem du profitieren kannst, irgendwo auf der Welt. Du kannst nicht wissen, was die Zukunft bringt." Ob ich in der folgenden Nacht geschlafen habe oder nicht – ich kann mich nicht erinnern. Aber am nächsten Tag bin ich nach der Schule nicht nach Hause gefahren, sondern ins Büro von Hatnua Hachluzit Hadatit, um mich zur Hachschara anzumelden.

Wer sich nicht gut auskennt, wovon ich rede: In den Jahren des Nazi-Regimes gründeten die zionistischen Bewegungen Höfe oder industrielle Werke für landwirtschaftliche oder andere Berufe. An diese Orte gingen nicht nur junge Leute, sondern auch Erwachsene, die ihren Beruf ersetzen wollten – durch etwas Lohnenderes und Nützlicheres, für den Fall, dass sie Deutschland verlassen müssen. Diese Orte hießen Hachschara – apropos, es gab solche Hachscharot auch in Polen.

Ich habe Unterlagen bekommen, die mein Vater dann ausfüllen und unterschreiben sollte. Ich habe sie auf seinen Tisch gelegt, denn er war nicht zuhause. Ich wartete mit großen Sorgen. Papa sah, was er sah, füllte aus, was er ausfüllen sollte, unterschrieb, was er unterschreiben sollte, hat mir alles zurückgegeben und kein Wort gesagt. Er hat sich tief verletzt gefühlt. Alle seine Erwartungen, alle seine Hoffnungen waren auf einmal verschwunden – als ob sie nie existierten! Weil er mich als sein Nachfolger sah und auf einmal war alles vorbei. Landwirtschaftliche Ausbildung! Ein Bauer! – Das war der verachtenswerteste Beruf in der intellektuellen Welt. Trotzdem stellte er sich mir nicht in den Weg. Im selben Jahr, nach Pessach, bin ich zur Hachschara-Gruppe Geringshof gefahren, ein Hof in Süddeutschland, in der Nähe der Kleinstadt Fulda und unweit der berühmten Stadt Frankfurt. Da waren wir zwanzig Genossen und Genossinnen, alle um die 17 bis 20 Jahre alt, und ein nichtjüdischer Vorarbeiter – er wurde zwei Jahre später zum richtigen Nazi! Dort arbeiteten wir in allen Bereichen der Landwirtschaft. Meine erste Tätigkeit war im Holzstall: große Baumstämme kleinhacken, denn diese wurden für Heizungs- und Koch-Öfen gebraucht. Dafür habe ich eine schwere Axt verwendet. Am Abend, als ich mich bei meinen Vorgesetzten beschwerte und ihnen die Blasen auf meinen Händen zeigte, sagten sie nur: „Na dann, besser wäre es, wenn du morgen weiter machst, damit Du dich dran gewöhnst." Und so war es. Am morgigen Tag habe ich weitergemacht und mich nicht mehr beschwert.

Nicht nur die Arbeit hat unsere Tage ausgefüllt. An den Abenden, am Schabbat und an den Feiertagen, haben wir die Tora gelernt, wir haben uns über Politik sowie hohe Philosophie unterhalten, wir haben klassische Musik gehört – kurzum: Wir hatten ein reiches Kulturleben. Dort habe ich zum ersten Mal Thomas Mann, Rilke, Dostojewski, Tolstoi, Christian Morgenstern und im Allgemeinen die ganze gute Literatur der Zeit gelesen.

In der Schawuot-Nacht desselben Jahres blieb ich die ganze Nacht wach – zum ersten Mal in meinem Leben. Mit dem Sonnenaufgang über den Feldern des Hofs war es eine unvergessliche Erfahrung. Eine andere Erfahrung, an die ich mich gut erinnere, war der Besuch eines jungen Dozenten von der Frankfurter Hochschule für Jüdische Studien namens Heschel, später Prof. Abraham Joshua Heschel! Er kam zum Schabbat und hat mit uns das vierte Buch Mose besprochen. Unser sogenanntes Hilfsbuch war die Konkordanz – kein anderes Buch oder Kommentare. Im Zwielicht saßen wir, wie immer im Kreis, und haben gesungen. Bei dieser Gelegenheit hat er uns einen Gesang von Chabad beigebracht – aus irgendeinem Grund erinnere ich mich nur an den Anfang der Melodie. Viele Jahre später habe ich mich an die ganze Melodie erinnert. Das Alter …

An Tamuz hat Papa sich entschieden, mich in der Hachschara zu besuchen. Den Schabbat haben wir in Fulda verbracht und am nächsten Tag sind wir zu uns auf den Hof gefahren. Sonntags fuhr keine Bahn zu unserem Nachbardorf. Wir mussten eine Stunde lang zu Fuß gehen. Für meinen Vater war das Spazieren in der Hitze des Tages – angezogen nicht nur in Hemd und Hose, sondern auch im Sakko, mit Krawatte und einer sommerlich dünnen Jacke, einem schwarzen Hut auf seinem Kopf – eine große Strapaze. Ich befürchtete, dass es seine Laune beeinflussen wird, und zwar nicht in eine positive Richtung. Aber was für ein Wunder: als ob nichts wäre. Wir sind beim Hof angekommen, Papa hat jeden Einzelnen mit einem Handschlag begrüßt – wie ein guter Jecke! Er hat sich am einfachen Essen vergnügt, ist durch den Hof und die Felder spazieren gegangen, hat sich mit meinen Freunden unterhalten und ist voller Begeisterung zurück nach Hause gefahren. Seit diesem Tag hatte sich seine Haltung mir gegenüber geändert: Meine Sünden wurden vergeben. Darüber hinaus: Wenn ich meinen Eltern sagte, dass ich für die Jamim Noraim (Hohen Feiertage) nicht nach Hause käme, weil ich mit meinen Freunden feiern wollte, äußerten sie keine Abneigung. Das Gegenteil war der Fall. Ein großes Paket mit allen Dingen für die Feiertage wurde geschickt, nicht nur für mich, sondern für die ganze Truppe.

Ende Oktober [1938] wurden alle Genossen, die einen polnischen Pass hatten, also Ostjuden waren, versammelt und zusammen mit tausenden anderen an die polnische Grenze gebracht. Als sie ankamen, war die Grenze nach Polen für Juden geschlossen. Alle unsere Freunde wurden zu uns zurückgebracht – und die Freude war groß, aber nicht für lange. Eine Woche später, es war der berüchtigte 9. November, kam der örtliche Polizist und kündigte an, dass er alle Jungen versammeln müsse. Sein Befehl lautete, dass wir in einem Raum zusammenkommen. Einem polnischen Freund wurde befohlen, alle Fenster mit Holzstöcken zu schließen – damit wir nicht fliehen konnten! Jede Holzlatte hat er in einem gleichmäßigen Tempo auf das Fenster genagelt und bei jedem Schlag laut gesungen: „Macht einen Plan! Er wird vereitelt./ Verabredet eine Sache, sie kommt nicht zustande./ Denn Gott ist mit uns" (Jesaja 8/10). In diesem Raum verbrachten wir die Nacht. Am nächsten Tag wurden wir früh geweckt. Es stellte sich heraus, dass die Mädchen die ganze Nacht wach waren, weil der Polizist, der kein SS-Mann war, ihnen erzählt hatte, dass wir von dort deportiert werden sollten. Er hat vorgeschlagen, dass sie uns warme Kleidung vorbereiten, kleine Koffer und Schnitten. Und so haben sie es auch gemacht. Wir haben uns von den Verbleibenden in der Hachschara verabschiedet und fuhren in die Kleinstadt Hanau, nicht weit von Frankfurt entfernt. Dort wurden wir in einem großen Saal zusammen mit weiteren hunderten Juden aus der ganzen Region versammelt. Es war Schabbat-Abend. Wir haben ein Massengebet organisiert. Kurz danach kamen zwei Polizisten und haben uns durch die Straßen bis zum Bahnhof geführt. Neben den Straßen standen die Einwohner der Stadt. Niemand hat ein Wort gesagt. Eine totale Stille. Wir mussten in die Waggons einsteigen – normale Waggons! –, und sind losgefahren. Wohin? Das wussten wir nicht. Wir wurden auch nicht informiert – in jedem Waggon saß ein Polizist. Wir sind am Ziel angekommen, am Gleis hingen die Ortschilder: Buchenwald – ab hier gaben uns die SS-Männer Befehle. So kamen wir – zehntausend Juden in einer Nacht! – ins Konzentrationslager Buchenwald. Dort blieben wir viereinhalb Wochen. Ich werde hier nicht alle Schrecken erzählen, die wir dort erlebt haben (noch nicht die Schrecken des Holocausts in den Kriegsjahren!). In der ganzen

Zeit im Lager haben wir uns nicht ausgezogen, wir haben nicht geduscht, wir haben Taref (unkoscher) gegessen – weil das das Einzige war, was es gab und davon auch nur fürchterlich wenig. Wir haben nichts gemacht – nur in unseren Schlafkojen gelegen. Wir hatten Tefillin mit und jeden Morgen – mit dem ganzen Dreck – haben wir sie getragen. An Schabbat haben wir gebetet. Wir haben nur ein Buch mitgehabt: eine Bibel auf Deutsch, einschließlich des Neuen Testaments. Wir haben zum ersten Mal in unserem Leben das Neue Testament gelesen – und wir wurden davon gar nicht beeinflusst! Wir wurden ziemlich schnell freigelassen, weil die Leitung von Bachad (Jugendorganisation des Misrachi, einer orthodoxen, religiös-zionistischen Bewegung) es geschafft hat, uns Visen von unterschiedlichen Ländern zu organisieren – England, Niederlande, Schweden, Dänemark. Sie haben die Gestapo informiert und wir wurden unter der Voraussetzung entlassen, dass wir Deutschland innerhalb von zwei Monaten verlassen würden.

Eine schreckliche Episode vom Tag der Entlassung aus dem Lager: Wir und weitere 200 standen in Schlangen vor dem Raum des Schatzmeisters. Jeder ging rein und musste zwei Fragen beantworten: „Wartest du auf Geld? Und von wem?“ Reichten die Antworten, dann hat man das Geld dort bekommen. Falls nicht, dann bist du rausgegangen, genauso wie du reingegangen bist. Irgendwann haben sie das Büro des Schatzmeisters zugemacht. Das war's! Einer der Kommandanten hat gefragt: „Wer hat kein Geld, um nach Hause zu fahren?“ Vielleicht 50 Mann haben sich mit Handzeichen gemeldet. „Der ganze Transport zurück ins Lager!“ Einer von uns hat den Kommandanten gefragt: „Falls wir das Geld unter uns sammeln können, können wir dann raus?“ Er hat zugestimmt. Nach ein paar Minuten gab es genug Geld, nicht für 50 Mann, sondern für viel mehr. Jeder, der Geld übrighatte, hat es gegeben. Und wir sind rausgekommen. Draußen warteten drei Busse: einer nach Weimar, die nächstgelegene

Stadt; einer nach Kassel und noch einer. Wir hatten nicht genügend Geld für den Bus nach Kassel. Wir konnten kostenfrei mit der Bahn fahren – eine Fahrt, die sehr ermüdend und erschöpfend gewesen wäre. Neben uns stand der Vorsitzende der Gemeinde in Kassel. Wir haben uns an ihn gewandt und ihm erzählt, wer wir sind – die Hachschara war bei allen deutschen Juden bekannt –, und haben ihn gefragt, ob er uns das notwendige Geld für die Busfahrt leihen könnte (Geld, das er und seine Gemeinde hatte!). Wir haben keinen einzigen Pfennig bekommen! Hinter uns stünde kein SS-Mann mehr und wir sollten keine Angst haben; dieser Menuval (Scheißkerl) fand es nicht richtig uns zu helfen! Folglich mussten wir erst nach Weimar fahren; da haben wir auf einen Regionalzug gewartet – Expressfahren war für uns verboten! Und von Kassel aus sind wir zur Hachschara gefahren. Das alles dauerte eine Nacht und einen Tag!

Wir sind zurück in die Hachschara gekommen und schon nach wenigen Tagen mussten wir uns von unseren Freunden verabschieden – die meisten habe ich nie wieder gesehen. Ich bin nach Hause gefahren, habe mich von meinen Eltern verabschiedet – letzter Abschied! – und in Addar 5699 (März 1939) bin ich in England angekommen. Meine Jugend war zu Ende. Ein neues Kapitel meines Lebens begann.

Literatur und Archive

Literatur, Berichte, literarische Texte (Auswahl)

Berliner Geschichtswerkstatt (Hrsg.): Am Wedding haben sie gewohnt, Lebenswege jüdischer Bürgerinnen und Bürger, Berlin 1998/2022.

Botmann, Daniel; Kiesel, Doron (Hrsg.): Militärrabbiner in der Bundeswehr: Zwischen Tradition und Herausforderung, Leipzig 2019.

Breslauer, Walter: Statistisches zum Berliner Wahlergebnis, in: Jüdisch-liberale Zeitung, 14.01.1931, Berlin.

Elkin, Rivka: Das Jüdische Krankenhaus in Berlin zwischen 1938 und 1945, Berlin 1993.

Hank, Sabine; Simon, Hermann; Hank, Uwe: Feldrabbiner in den deutschen Streitkräften des Ersten Weltkrieges, Berlin 2013.

Hirschfeld, Etty: Die Altersheime und das Hospital der Jüdischen Gemeinde zu Berlin, Berlin 1935.

Jacobson, Jacob; Segall, Jacob: Jüdisches Jahrbuch für Groß-Berlin, auf das Jahr 1926, Ein Wegweiser durch die jüdischen Einrichtungen und Organisationen Berlins, 1926.

Levy, Max: Die elektrotechnische Industrie nach dem Kriege, in: Deutsche Allgemeine Zeitung, 15.08.1919.

Levy, Max: Fabrik elektrischer Maschinen und Apparate Dr. Max Levy Berlin 1897–1922, Zum fünfundzwanzigjährigen Bestehen meines Werkes, Berlin 1922.

Münch, Ragnhild: Das Jüdische Krankenhaus in Berlin 1945–1965, Berlin 1997.

Nürnberger, Jürgen; Maier, Dieter G.: Josephine Levy-Rathenau, Frauenemanzipation durch Berufsberatung, Berlin 2013.

Schmiedecke, Ralf: Streifzüge durch Berlin-Wedding, Berlin 2008.

Segall, Jacob: Die Juden in Groß-Berlin, Hauptergebnisse der Volkszählung vom 1. Dezember 1910, in: Zeitschrift für Demographie und Statistik der Juden, September/Oktober 1914.

Wolff, Anni: Schließlich waren wir alle jung und lebenslustig, Erinnerungen: von Berlin nach Israel, Berlin 1993.

Zlocisti, Theodor: Jom Kippur im Walde, in: Die Welt, Zentralorgan der Zionistischen Bewegung, 28.09.1900, Berlin.

Berücksichtigte historische Zeitungen

Viele jüdische Zeitungen sind ganz oder teilweise in der Digitalen Judaica-Sammlung der Frankfurter Universitätsbibliothek digitalisiert. Weitere Tageszeitungen für Berlin sind auf dem Deutschen Zeitungsportal frei verfügbar.

Allgemeine Zeitung des Judentums, 1837–1922

Berliner-Börsen-Zeitung, 1855–1944

Berliner Tageblatt, 1872–1939

Berliner Vereinsbote, 1895–1901

Central-Verein-Zeitung, 1922–1938

Das Jüdische Echo, 1913–1933

Der Gemeindebote, Beilage Zur Allgemeinen Zeitung des Judentums, 1890–1922

Der Israelit, 1860–1938

Der Schild, 1922–1938

Deutsche Allgemeine Zeitung, 1919–1945

Die jüdische Frau, 1925–1927

Die jüdische Presse, 1869–1923

Im deutschen Reich, 1895–1922

Das Israelitische Familienblatt, 1898–1938

Jüdisch-liberale Zeitung, 1920–1934

Jüdische Allgemeine Zeitung (Nachfolger der Jüdisch-liberalen Zeitung), 1934–1936

Jüdisches Gemeindeblatt für die Synagogen-Gemeinde in Preußen/Norddeutschland, 1937–1938

Jüdische Presse, 1920–1938

Jüdische Rundschau, 1902–1938
Jüdische Turnzeitung, 1900–1912
Jüdische Volksstimme, 1900–1934
Neue Jüdische Presse (Frankfurter Israelitisches Familienblatt), 1902–1923
Norddeutsche Allgemeine Zeitung, 1861–1945
Vorwärts, 1876–1933
Vossische Zeitung, 1721–1934
Zentralblatt der Bauverwaltung, 1881–1931

Archive

Archiv Jüdisches Museum Berlin, W. Michael Blumenthal Akademie.
Arolsen Archives: Internationales Zentrum über NS-Opfer.
Bundesarchiv – Gedenkbuch, Opfer der Verfolgung der Juden unter der nationalsozialistischen Gewaltherrschaft 1933–1945.
Das Archiv der Akademie der Künste, Berlin.
Historisches Archiv der Stiftung Deutsches Technikmuseum.
Landesarchiv Berlin, Das zentrale Staatsarchiv des Landes Berlin.
Yad Vashem – Internationale Holocaust Gedenkstätte, Archiv.

Bildnachweise

Abbildungen 1, 2, 3, 4: Sammlung Ralf Schmiedecke Berlin.

Abbildung 5: Gladys and David Blank's Genealogy, http://www.blankgenealogy.com/index.php.

Abbildung 6: Publikation: Levy, Max (1922), Fabrik elektrischer Maschinen und Apparate Dr. Max Levy Berlin, 1897–1922; Stiftung Deutsches Technikmuseum Berlin, Foto: Historisches Archiv.

Abbildung 7: Firmenkatalog Max Levy (1912), Stiftung Deutsches Technikmuseum Berlin, Foto: Historisches Archiv.

Abbildungen 8, 9, 10: Firmenschrift S. J. Arnheim (1923), Stiftung Deutsches Technikmuseum Berlin, Foto: Historisches Archiv.

Abbildung 11: Sammlung Ralf Schmiedecke Berlin.

Abbildung 12: Landesarchiv Berlin, B Rep. 025-04, Nr. 4108/57.

Abbildung 13: Privatsammlung Marion Schubert.

Abbildungen 14, 15, 16: Bildarchiv Pisarek/akg-images, Berlin.

Abbildung 17: Zentralblatt der Bauverwaltung, Ausgabe 1915, Nr. 19, S. 114.

Abbildung 18: Zentralblatt der Bauverwaltung, Ausgabe 1915, Nr. 23, S. 147.

Abbildung 19: Herbert Sonnenfeld, Die Synagoge des Jüdischen Krankenhauses in Berlin, Iranische Straße 2, ca. 1935; Jüdisches Museum Berlin, Inv.-Nr. FOT 88/500/267/002, Ankauf aus Mitteln der Stiftung Deutsche Klassenlotterie Berlin.

Abbildung 20: Herbert Sonnenfeld, Der Operationssaal im Jüdischen Krankenhaus in Berlin, Iranische Straße 2, Berlin ca. 1935; Jüdisches Museum Berlin, Ankauf aus Mitteln der Stiftung Deutsche Klassenlotterie Berlin.

Abbildung 21: Herbert Sonnenfeld, Im Wirtschaftsgebäude des Jüdischen Krankenhauses in Berlin, Iranische Straße 2, ca. 1935; Jüdisches Museum Berlin, Inv.-Nr. FOT 88/500/271/024, Ankauf aus Mitteln der Stiftung Deutsche Klassenlotterie Berlin.

Abbildung 22: Herbert Sonnenfeld, Junge Patienten auf dem Balkon der Tuberkulose-Abteilung des Jüdischen Krankenhauses in Berlin, Iranische Straße 2, Berlin ca. 1935; Jüdisches Museum Berlin, Inv.-Nr. FOT

88/500/267/015, Ankauf aus Mitteln der Stiftung Deutsche Klassenlotterie Berlin.

Abbildung 23: Bauantrag / Bauakte Prinzenallee 87, Landesarchiv Berlin.

Abbildung 24: Künstler Max Raymer, Zeitung: Jüdische Bibliothek, Nr. 49, 05.12.1935.

Abbildung 25: https://de-academic.com/pictures/dewiki/76/Lessing-Gymnasium_%28Berlin%29_alt.jpg

Abbildung 26: Ludwig Hoffmann / Ernst von Brauchitsch, Inv.-Nr. B 2380,011, Architekturmuseum der Technischen Universität Berlin.

Abbildung 27: Grafik / Zeichnung Dodo Bürgner, in: Frieda Mehler, Feiertags-Märchen (1935).

Abbildung 28: Foto veröffentlicht in „Levend Joods Geloof", August 1966, siehe hier: https://www.joodsmonument.nl/en/page/30398/ludwig-jacob-mehler.

Abbildung 29: Jugend: Münchner illustrierte Wochenschrift für Kunst und Leben, Cover „Der rote Kimono", Nr. 7, 1930.

Abbildung 30: Fotopostkarte „Die drei Geistlichen der Etappeninspektion 11" mit Feldrabbiner Jacob Sänger, Berlin: Louis Lamm ca. 1915–1916, Karton, 8,6 x 13,8 cm; Jüdisches Museum Berlin, Inv.-Nr. 2012/207/4.

Abbildung 31: Judith Helfer, Rabbiner Arthur Rosenthal mit seiner Frau Ilma, Berlin 30. Januar 1939; Jüdisches Museum Berlin, Inv.-Nr. 2013/102/0, Schenkung.

Abbildung 32: Yad Vashem, zur Verfügung gestellt von Chana Goldwyn (2018), https://photos.yadvashem.org/photo-details.html?language=en&item_id=14119818&ind=0.

Abbildung 33: Yad Vashem, zur Verfügung gestellt von Chana Goldwyn (2018), https://photos.yadvashem.org/photo-details.html?language=en&item_id=14119809&ind=0.

Abbildung 34: Yad Vashem, zur Verfügung gestellt von Chana Goldwyn (2018), https://photos.yadvashem.org/photo-details.html?language=en&item_id=14119810&ind=0.

Abbildung 35: Tageszeitung, Berliner Tageblatt, 1886.

Abbildung 36: Unsere Wohnungsuntersuchung im Jahr 1918, (Berlin 1919), Fotografie zu Badstraße 34.

Abbildung 37: Unsere Wohnungsuntersuchung im Jahr 1915/16, (Berlin 1917), Fotografie zu Badstraße 44.

Abbildung 38: Unsere Wohnungsuntersuchung im Jahr 1917, (Berlin 1918), Fotografie zu Badstraße 42/43.

Abbildung 39: Schlafkarte für das Jüdische Flüchtlingsheim von Chane Kaplanski, Berlin gültig bis 1. März 1923, Karton, Tinte, 14,2 x 9,4 cm; Jüdisches Museum Berlin, Inv.-Nr. 2010/133/1, Foto: Jens Ziehe.

Abbildung 40: Privatsammlung David Alexander.